비엔나의 여로

라정인 수필집

【 채운재 수필선 】

비엔나의 여로

라정인 수필집

눈 내리는 을씨년스러운 겨울의
잿빛 하늘 아래 비엔나에 도착했다
이방인으로 오고 가며 바쁘게 살았던 땅이다
나는 내 작업을 계획대로 시작했다

서문

나는 시를 써 온 지 오래되었다. 그런 내가 이번에 수필집을 꾸미게 되었다. 이 글 수필을 통해 내가 살아온 이야기와 신앙의 울안에서의 내 삶에 대한 내용의 이야기이다. 십 년이 훌쩍 넘은 첫 자서전은 힘든 시련의 신음을 겪은 후 꾸미게 되었다. 그 뒤의 이야기가 남아 있어 이 수필집에 삶의 내력과의 해후 그것으로 말할 수 있다. 모든 것 신앙 앞에서 인생을 회심하는 것 그것이 사람의 가진 하나의 질서와 같지 않은가 생각한다. 나는 글을 쓰면서 평소에 사모하는 귀한 윗분과 주변 사람과의 인연이 소중한 걸 느낀다. 그 느낌을 실행하고자 노력한다.

두고 기억될 일이지만 어쩌면 그런 일종의 만남이 보람의 삶도 있지 않은가 생각된다. 부족함의 흠이 묻어나오고 내 부족을 동반함에 부끄러움도 있다. 특별히 채규판 교수님과 현대문학사조 양상구 이사장님께 진심으로 감사드립니다.

저자 라 정 인

 ‖ 차례 ‖

제1부
기로에 서서

내가 읽은 책들	12
기로에 서서	15
울 언니	18
서울 나들이	21
하루의 여로	24
차 키를 넘겨준 날	27
고마운 지인	31
종강을 맞이해서	34
비엔나의 여로	37
병상에서	41
뉘른베르크 담아온 친우	44
쾰른에서 담아온 우정	47
비스바덴에서 담아온 우정	50

제 2부
실버타운에서 시작된 생활

옛 흔적을 더듬으며	54
우정의 옛길	57
초대장을 들고	61
봄의 이삿짐 1	64
봄의 이삿짐 2	67
실버타운에서 시작된 생활	70
장맛비 내리는 창가에 서서	73
고향 내음에 취하고 싶어서	76
때론 구름 위에 산다	80
쇼핑을 하고 나서	83
셋이서 기쁜 날	86
할머니의 스킨	90
사고로 만난 분	94

 ‖ 차례 ‖

제 3부
하얀 눈이 담아온 추억

하얀 눈이 담아온 추억	100
오늘 하루 일과	103
겨울의 옛 풍경	106
아쉬운 초심	109
은빛의 멜로디	113
가을이 담아온 풍요로움	117
뒤를 돌아본 나의 삶 1	120
뒤를 돌아본 나의 삶 2	124
나의 인생 그래프	128
그 옛날 알바를 쫓아서	133
아버지의 등기	137
내 삶의 현장	143
소나무 시집가는 날	146

제 4 부
마음이 항상 푸르름 속에

실버타운의 텃밭 1	150
가랑비의 사연	153
발버둥 치는 벌레를 보면서	156
실버타운의 텃밭 2	159
실버타운의 텃밭 3	162
머리 맞댄 외식	165
신앙인으로서 더위를 이기자	169
팔월 이십팔일	172
마음이 항시 푸르름 속에	175
길 내리막 나의 생	178
새벽의 산울림	181
성지순례 (손골)	184
소나무의 아픔	187
가을 나들이	190
내 영역의 꽃단지	193
우리 동래 명랑 운동회	196

제1부

기로에 서서

제1부
내가 읽은 책들

나는 유년 시절 구차한 몸이 약해 초등학교는 거의 결석 학생이 되어 공부를 따라가지 못했다. 늘 뒤처지는 것 못내 아쉬움과 자격지심의 늪에 빠지기도 했다. 나는 약한 성적표 때문에 부모님의 야단은 없었다. 어쩌면 제는 못해 나를 제쳐 접어두지 않았을까? 기억되었다. 다른 형제들을 바로 서서 조언의 야단이 있었다. 대신에 나는 대체적인 책들은 읽었다. 주위의 칭찬과 특히나 아버지의 칭찬을 받을 때는 기분이 좋았다. 과거 한때 폭풍우의 불행했던 정신적인 흔적의 이랑에 대해서 글로서 엮어보자는 강열한 심산에서 그때부터 온 마음을 모아 본격적으로 책을 구매구입 해서 읽기 시작했다.

그리고 근무 외에는 방구석에 처박혀 열심히 책갈피를 넘기고 또 넘기었다. 특히 밤 근무(병원)에 잠이 금지되었기에 환자들을 잠재운 후 대체적인 조용한 시간이 주어져 커피 한잔에 책을 읽기에 좋은 분위기의 집중력이 흥미진진한 어려운 철학책도 즐겨 읽기도 했다. 그래서 철학자들의 이름들을 조금은 어느 정도 알게 되었다. 아직도 내 책장 책꽂이에 안병욱 교수의 작 빠스깔 사상이 잘 보존하여 나란히 책 중에 끼어 세워져 있다. 그리고 내가 읽고 남들에게도 권유의 손들에 거쳐 책 표지는 이미 오래전에 너덜너덜 찢어졌다. 그 옛날 한국에 휴가차 와서 구입을 했다. 그때 당시에 책값은 칠백 원이었다.

그 외에 곁들여 네 영혼이 고독하거든, 아름다운 창조, 너와 나와 만남 등등의 많은 책을 읽게 했다. 이 책들을 읽어 갈수록 새기고 다짐하면서 모두 감명 깊게 읽었다. 특히 빠스깔 사상은 머리말에 "신음하면서 탐구하다"라는 명언의 말이 있다. 이 글귀가 가슴속 깊이 이미 매료되어 큰 울림을 받아 여러 번 읽게 되었다. 그때 당시 한때 나의 상처의 처지로 방황하며 나는 분명히 남몰래 울음으로 신음하는 때였다. 나의 삶에 한 결의 이랑에 이 책이 다분한 도움의 힘이 되었다.

비엔나에서 살 때 모아온 소중한 나의 다른 책들을 고국으로 이주할 때에 지인들에게 안타까웠지마는 기쁜 마음으로 나누어 주고 내 이삿짐 보따리 속에 끼어 유일하게도 소중히 간직한 이 빠스깔 사상 책만큼은 가져왔다. 실같이 가늘 한 의미이지만 책의 내용을 읽고 내생의 행로에 실천이 뒤따르는 것도 사실이었다. 그래서 내 체험을 통해서 지금도 지인들에게 자랑스러움과 함께 장려하여 아낌없이 빌려주어 읽게 한다.

얼마 전에도 닳아 찢어진 책 표지를 따로 때어놓고 빌려주었다. 예나 다름없이 꼭 되돌려주라는 강조의 부탁을 했다. 다른 책들은 그다지 챙기지 않으나 내생의 지표인 이 책만큼은 꼭 챙기었다. 오래된 책이지만 지금까지 잘 보관되어 있다. 세월이 겹겹이 쌓인 책인지라 누런 색깔로 변색하고 왼쪽에서부터 책갈피 넘기고 왼쪽 위에서 아래로 내려가며 읽는 고전의 책이 되었다. 빠스깔은 회심하여 예수회 수도원 생활에서 가죽 띠에 쇠 고쟁이를 박아 허리에 둘러매고 인간적인 욕정이 솟아 올 때 스스로 몸에 힘을 주어 육신 적인 고통으로 극복하는 그 신앙심이 나에게 다가와 신앙인으로서 적이 순응의 본받는 감동의 기회가 주어지기도 했다.

나는 이 책을 너무나 좋아 사랑했다.

머지않은 마지막 장래에 어떻게 둘까 고민도 해보았다. 마지막 생이 끝나는 날 가슴에 이 책을 묻어 꼭 껴안고 가고 싶다. 아니면 불태울까 선물할까 상상의 나래를 폈다. 그리고 내가 적당하게 많은 다독의 밀알이 되어 오늘날 책들을 펴가는 데에 보람찬 기회가 되지 않았는가 그렇게 생각하게 된다.

제1부

기로에 서서

나는 얼마 전에 양로원에 다녀온 후 입소를 못 한다는 연락을 받았다. 오랫동안 쌓아 온 보람의 노력도 없이 한꺼번에 무너지는 심정이었다. 연락을 받기 전에 여러 번 상담하고 입소의 가능성에 기대와 희망을 안고 기다리고 있었다.

그러나 그 결과는 결국은 실패로 끝났다. 외국에 살 때 삼십 년 전에 휴가차 와서 양로원에 가서 구두로 약속을 하고 늘 이곳에 머리를 두르고 갈 수 있다는 기대감에 나에게는 삼십 년간 버팀목이 되어 정서적으로 안정감을 가지고 있었다. 코로나가 오기 전까지도 마다하지 않고 기꺼이 봉사도 했었다. 믿고 의지하고 그래 주기를 간절한 소원과 소망을 갖고 살아왔다.

삼십 년 오랜 세월을 안고 버팀목이 되어 왔는데 결국 규칙상 입소하지 못한다는 결과에 당분간 그 실패에 한꺼번에 허물어진 좌절감에 빠져 외로움에 허우적거리기도 했다.

그 긴 세월이 억울하지만 어쩔 수 없는 아픔의 현실을 받아만 했다. 나는 내 본향인 이 지역에 생의 마지막까지 머무르고 싶다. 그리고 끝마무리를 내 지역에 묻히고 싶은 마음 간절했다. 그래서 일찍 흙에 묻힐 가톨릭 봉안당도 예약했다. 마음대로 뜻대로 되지 않는다는 것을 아픔으로 감수해야만 했다.

　나는 장래를 위해서 앉아만 있을 수는 없다. 그래서 나는 다른 곳으로 눈을 돌려야만 했다. 내 지역을 또 떠나고 싶지 않아 이곳저곳을 찾아보았으나 내가 의지하고 살 곳을 찾지 못했다. 나는 오랜 세월에 혼밥을 먹고 살아왔고 이젠 이상 혼자서 밥을 대하기 싫다. 문만 닫으면 나는 혼자이다. 나이도 들고 몸도 정신도 약해지니 요즈음에는 조바심이 자꾸만 나를 괴롭힌다. 그래서 이것저것 뒤적이다가 인터넷과 유튜브를 찾아보았다. 경기도에 있는 실버타운을 찾게 되었다. 그리고 나는 얼마 전에 계획대로 경기도 가톨릭에서 운영하는 모 실버타운을 다녀왔다. 신앙인으로서 가톨릭에서 운영 한다기에 무엇보다 관심과 기대를 안고 갔다. 싱그러운 아침 봄바람을 헤치어가며 맑은 하늘 아래 두 시간을 넘은 상쾌한 기분으로 달리었다. 고속도로를 벗어나 한적한 구불구불한 신작로 길을 따라 먼 거리를 거쳐 도착했다. 실버타운 건물은 산 위에 우뚝 선 자리하고 금방 시야에 들어왔다. 친절한 상담자와 다양한 물음을 했고 상담자의 건물 안의 안내로 구조를 보고 나는 일단은 내 마음에 들었다. 이 실버타운은 대체적인 모든 것이 갖추어져 있다. 병원, 편의점, 식당, 무엇보다 건물 안에 성당이 세워져 있어 기도와 매일 미사를 참례할 수 있어 마음에 든 구조가 참으로 좋았다. 주위에 톡 터진 시야의 아름다운 미리내 가톨릭 성지가 매우 마음에 들었다. 나는 덕분에 유명한 성지 둘레를 맴돌며 돌아보며 고개 숙여 속 깊은 묵상하는 시간도 갖게 되었다.

  나는 아직 까지는 대체 적으로 건강한 편이다. 내가 정서적으로 건강 속에서 사물을 판단할 수 있는 이성을 가지고 있을 때 더 늙기 전에 내가 살 터전을 스스로 준비하고 가꾸고 싶다는 항상 바라고 살아왔다. 누구에게도 내 인생을 부담과 의지를 하지 않고 내 자력으로 자활과 자생하자는 것의 결심엔 변함이 없다. 내 삶의 이랑을 되는대로 놓아두고 싶진 않다. 남은 내 여생의 삶을 가꾸어가고 싶다. 아마도 이 세상에 아직도 숨 쉬고 건강하게 살고 있다는 증거가 아닐까 생각한다.

제1부

울 언니

 얼마 전에 오랫동안 울 언니는 요양병원 병상에서 병에 시달리시다가 결국은 세상을 뜨셨다. 차가운 언니 곁에서 인생의 허무함을 뼈저리도록 실감을 했다. 코로나로 인해서 마음대로 방문도 못 하는 이 시기에 퍽이나 아쉬움도 있는데 다행이라 할까 나는 구정 며칠 전에 마지막으로 뵈었다. 아들, 며느리와 함께 물론 방역지침으로 칸막이로 건너다보면서 이야기를 나누려 했으나 이미 힘을 잃은 울 언니는 슬프게도 우리를 전혀 알아보지 못하고 요양 봉사의 몇 마디의 중계로 희미한 눈빛만이 대답하고 있는 듯했다. 모은 두 손을 힘없이 떨고 계셨다. 뜸 뜸이 방문해서 뵐 때마다 가슴 아픔만 안고 돌아서야만 했다. 그리고 나는 앞서가는 소용없는 후회에 뼈저리도록 절감을 해야 했다. 울 언니가 아픈 병이 있기에 소통이 잘되지 않는다는 것 나의 이해 부족했다는 것을 너무나 빤히 잘 알면서도 어느 한계선에서 극복 못 했다는 것을 나는 인정 한다.
 그리고 당분간 감당할 수 없어 내 잔소리에 언니는 속상해하셨고 나도 뒤돌아서 속상해서 울기도 했다. 울 언니께는 효자 아들들과 좋은 며느리들 귀여운 손자, 손녀를 두어 나름대로 행복한 생을 마감했다. 장례식장에도 대단한 호상이었다. VIP의 식장 실의 복도 주위에 세일 수 없는 많은 화원이 줄줄이 세워져 있고 나는 아들들의 어떠한 보이지 않은 힘에 놀라며 감동도 받았었다. 울 언니는 6.25 전 그때 당시에 서울의 대학을 가려고 준비를 하다가 6.25를 맞아 포기해야만 했었다. 그리고 학교에서 테니스 선수로서 활동했다. 그래서 텔레비전에서 하는 테니스 경기를 생전에 즐겨보기도 하셨다.

큰딸로서 곱게 자란 지성인이었다. 그러나 형제가 많고 시어머니가 없는 어느 시골로 시집을 갔다. 그리고 육신 적인 것과 정신적인 힘에 버거운 외부로부터 오는 쌓이고 쌓인 고뇌와 고생으로부터 마음속에 박힌 한이 오래도록 우울증과 결국은 침해로 가셨다. 나는 가끔은 언니에 대해서 뒤돌아보며 생각하며 안타까운 마음 한량이 없으나 어쩌면 울 언니의 숙명이 아닌가 생각해 보기도 한다. 나는 내 인생에서 오랫동안 평소에 나에게는 유일하게도 울 언니뿐이었다. 거의 어머니 못지않은 벽의 의지와 모성애로서 열어주신 사랑의 문이 내 생의 버팀목이기도 했다.

어느 날 우리는 마주 보고 앉아 대화를 나누다가 언니의 건강과 나를 위해서 오래 살아주십사 하는 부탁과 내가 언니 앞에서 하늘나라에 먼저 갈 테니까 나를 지켜달라고 부탁을 하다가 역정을 내시며 혼나기까지 했다. 돌이켜 보면 그때 당시에 아마도 혼자인 나였기에 단순한 상념에 사로잡혀 그렇지 않나 생각해 보았다.

내가 비엔나에서 살 때 울 언니를 세 번이나 초대했다. 성지 순례지의 예루살렘 이스라엘의 여러 곳을 찾아서 함께 나란히 동행한 즐거움 이탈리아의 여러 성지를 방문하고 체코, 헝가리 등등의 나라와 비엔나의 도시에 속한 황금 동상의 요한 스트라우스, 짤쯔브르크에 있는 모차르트의 생가 이름 모르는 어느 시골의 보리수나무 곁에 슈베르트의 낡은 평범한 동상을 그리고 이곳저곳을 쏘다니며 사진도 많이 찍었다. 로마의 웅장한 바티칸은 우리에게 더욱 특별했었다.

어마어마한 모습의 전경을 보고 연신 감탄과 감동을 신앙인으로 자랑감을 드러내시며 행복해하셨다. 오랜 역사를 안고 내려오면서 행복을 가져다주는 전설에 수 없는 손자국들로부터 달아 반짝인 하얀빛이 된 베드로의 발에 우리도 서로의 건강을 빌며 두 손을 얹혀 기도하며 신앙인으로서 울 언니와 나는 눈길 마주 보며 행복한 웃음 지은 전경은 참으로 아름다운 추억으로 남았다. 떠나신 울 언니와 뒤에 남겨진 나는 이젠 다만 그 다양한 추억만 안게 한다.

제1부

서울 나들이

그동안 잔인한 코로나 19로 인해 각박한 삶의 현실에서 우정과 지인들이 본의 아니게 멀리해야만 했다. 이젠 따뜻한 새로운 봄이 왔고 코로나 방역지침도 완화되어 지겨웠던 마스크는 야외에서 쓰지 않아도 된다는 공고에 오랜만에 홀가분한 마음이 되었다. 그리고 서서히 친우와 지인으로부터 반가운 비둘기가 물어오는 들뜬 반가운 소식들이 오고 갔다.

옛날 비엔나에서 살 때 가톨릭 공동체에서 우리 인연의 만남이 정겨운 이웃사촌이 되어 살아온 우정(율리안나)의 소식이 먼저 왔다. 그동안에 코로나가 지나가기를 소원하며 가끔 전화 안부로 우정의 끈은 이어가고 있었다. 어느 날 밝은 목소리가 되어 만나자는 제안이 왔다. 그리고 또 한 분(엘리사벳 형님)이었다. 나는 반가워 기꺼이 만나자고 했다.

서울 명동성당에 목적을 두고 만나기로 약속했다. 나는 하루의 나들이 떠나기로 했다. 기차로 가기로 했다. 기차표를 주문해 전주역에서 출발했다.

창밖의 파란 맑은 하늘 아래 오월의 풍요로운 푸르름을 내내 즐기며 보냈다. 나는 용산역에서 도착해서 지하철 일 번으로 서울역에서 사 번으로 명동역 칠번 출구에서 우리 셋 친구는 오랜만에 반갑게 만났다. 당분간 우리들의 그 출구에서 만남의 주위의 의식 없이 호들갑을 떠는 노인네 셋이서 오랜만에 손을 뜨겁게 붙잡고 당분간 참 기쁨을 나누었다.

택시로 명동성당에 도착했다. 먼저 성당의 우뚝 솟은 신성한 종탑의 배경으로 셋이서 나란히 인증하고 우리는 만면에 웃음꽃으로 거룩함을 우러러 그 빛에 사랑의 눈빛을 모았다. 그리고 우리는 식당으로 갔다. 붐비어 기다리어야만 했다. 기다리는 중에 갑자기 귀 한 분이 눈에 들어왔다. 평화방송국 사장님 신부님이었다. 순간적으로 앞에 나가 덥석 인사라도 하고 싶었다. 그러나 용기가 없고 가슴만 뛰다 말았다. 기다리던 융숭한 식탁이었다.

특히 채소 모듬전이 구미 당기는 대로 맛이 좋아 욕심껏 많이 먹었다. 그리고 엘리베이터를 타고 내리니 바로 그 자랑스러운 장엄한 성당에 다다랐다. 날씨마저도 우리를 축복해 주듯이 봄의 따스함이 청명한 햇살이 내려 쏟아부어 주고 있었다. 우리 셋은 주위를 맴돌기 시작했다. 영특하고 신심이 좋은 내가 존경하는 지성인인 율리안나는 해설자가 되어 차분히 이곳저곳 겸손한 설명에 영민함에 감사했다. 꽃에 둘러싸인 귀한 성모님 상 앞에서 우리는 숙연히 기도했다. 지하 성당에도 들어가 성체조배도 하고 몇 년 전에 내가 이곳에서 고해성사 후 맑고 밝은 내가 되어 내 속 깊은 기분이 시원해진 것도 기억되었다. 드디어 수다를 위한 커피숍에 앉았다. 주문하고 마시며 먹으며 옛날 비엔나에 살던 이야기가 시작되었다. 사진을 찍자고 보체기에 내가 죽은 후 내 사진을 보아주는 사람이 없으니 안 찍는다고 하니까 나보다 윗분인 그분은 자기 자신을 순간 잊었는지 자기가 보아준다고 해놓고 우리는 순간 눈을 마주 보고 웃었던 그 형님이다.

  이날도 그 말이 역사가 되어 되뇌며 우리는 곁 사람들을 눈치 보며 많이도 웃었다. 그 외에도 서로 주고받은 많은 이야기에 비엔나의 향수에 젖기도 했다. 그 비엔나의 옛날이 채워준 행복한 우리들의 날이었다. 우리는 헤어질 시간이 되어 아쉬운 마음으로 헤어져야만 했다. 용산역까지 나를 바래다주고 날자 없는 기약을 뒤에 남겨두고 나는 기차를 탔다. 나는 나의 지난 세월의 뒤를 건너다보며 요즈음 들어 이날이 당분간 가장 재미와 즐거운 날이 되었다. 혼자서 중얼거리는 중에 기차는 어김없이 석양 속에 달리고 있었다.

제1부

하루의 여로

우울할 때 우울함을 달래기 위해 귀에 이어폰을 끼고 계획대로 비엔나의 스테판스 대성당의 라디오를 들으면서 강 건너 쪽으로 산책갔다. 이 방송국에서는 클래식 음악만 보내고 있다. 때때로 중간에 MC의 독일말로 흘러들어오는 해설에 그리운 향수와 반가움에 젖기도 한다. 비엔나에서 살던 그때 당시에 곳곳의 클래식 고풍의 건물들 아름다운 그림의 풍경들과 오고 가는 이웃사촌들 정을 나누며 살았던 순이도 철이도 몹시도 보고 싶은 그리움에 젖어 나는 음악을 들으면서 깊은 정감에 깃든 다양한 추억을 더듬게 되었다.

나는 강변의 진녹색 둘레에 걷고 한때 입 새 없이 온 천지가 만발한 하얀 벚꽃으로 뒤덮어 장식했던 것이 그새 사라져갔고 세월이 담아온 풍요로운 진녹색의 퍼레이드 속에 음악과 우주 자연에 즐겨 흐뭇한 마음으로 산책을 했다. 강변에 핀 이팝꽃과 아카시아 꽃도 사라져 뒤에 남긴 풍성하게 자란 입새들이 강둑 따스한 봄바람에 흐늘거리는 풍경에 도취되기도 했다. 이곳저곳 기울이며 걷다 보니 몇 년 전에 살던 곳을 찾아가고 싶었다. 먼저 공원 쪽으로 들어갔다. 몇 발자국 들어가 붕 떠 있는 상자가 보였다. 무엇인가 호기심으로 들여다보았다. 숲으로 둘러싸인 낡은 육각정이 있다. 상자는 바로 짐을 실어 나르는 오토바이였다. 그 오토바이를 바쳐 세워 두고 투박한 옷의 두 남자가 바닥에 사지를 내려놓고 잠을 자는 모습을 보았다. 피곤 속에서 모든 것을 잊고 꿀잠을 자는 듯했다. 이 정자가 이들을 위한 잠시 시간 동안 진정한 쉼터로서 다행이라고 잠시 생각에 젖기도 했다.

아마도 생존의 먹을거리와 살아남기 위한 절박한 인생살인가? 나름대로 속단을 내리며 당분간 그들을 향한 애잔한 마음이 스며든다. 그리고 순간 생존의 그 오토바이에 향한 나의 인식을 새롭게 바꿔기도 했다.

공원의 안쪽으로 갔다. 전보다 무성하게 자란 나무들이 꽉 찬 풍성함 사이로 널브러져 있는 쓰레기에 실망도 했다. 나는 내가 살던 집으로 발길을 돌렸다. 집 앞에 서서 둘러보았다. 그 옛날 건물 밑에 해물탕 레스토랑에서 우리 동창회 때 푸짐한 밥상에 뺑 둘러앉아 머리를 맞대고 정겹고 맛있는 음식에 노인들의 수다를 떨던 모습들이 생생하게 기억하며 우정 서린 얼굴들의 하나하나 그려보았다.

나는 막연히 살던 곳에 가보고 싶었다. 건물 안으로 들어갔다. 관리소의 눈치를 보면서 엘리베이터를 타고 내가 살던 9층에 올라갔다. 그리고 방문 앞에서 아무 의미도 없이 그저 허전한 마음으로 서성거리다가 나왔다.

되돌아오는 길에 육각정에 다다랐다. 오토바이 남자들은 이미 일터로 갔는지 없고 노부인들이 둘러앉아 재미있는 이야기인지 깔깔거리며 웃음소리에 다정스럽고 행복해 보였고 나도 그 모습에 덩달아 괜히 좋았다. 역시 공원에 세운 육각정에 솔솔 불어오는 시원한 바람에 힘든 피곤함과 정다운 사람들의 쉼터가 되는구나 하는 느낌으로 육각정을 지났고 이어폰의 클래식 음악은 여전히 나의 동반자가 되어 나와 같이 즐기는 산책길을 걷게 하고 있다.

제1부

차 키를 넘겨준 날

  나는 얼마 전에 손에 쥔 내 자동차 차 키를 마지막 가슴앓이로 다른 손에 건네주고 말았다. 지금까지 내 삶의 반평생 동안에 차는 나에게 유일한 동행 자리의 한몫이었다. 십여 년 동안 변함없이 손때 묻은 운전대와 도합 사십 년 마지막 운전대와 이별의 끝이 되고 말았다. 그리고 남의 손에 넘어간 그 차는 미련 없이 나를 남겨 둔 채 순간 후닥닥 떠나고 말았다. 나는 뒷모습을 지켜보면서 당분간 모든 것이 한꺼번에 무너지듯 허망과 허전함이 엄습해 오는 마음에 사로잡혀 넋 없이 사라져 간 한곳 만 응시하고 있었다.

  이젠 한순간 차의 운전대와 나와는 끝이다. 차는 나의 삶에 큰 도움이 되었다. 이젠 나의 삶이 떨어져 간 한 켠에 변한 정서적인 면에 이제부터 높은 차원에 서서 강한 노력의 댓 가에서 지혜롭게 선택해서 적응해야만 하는 필수품인 차 없는 나의 인생살이가 시작되고 말았다. 내겐 가고자 하는 유일한 동반해 주는 차 없는 생활을 한다는 것은 거의 불가능하다는 것을 알고 늘 걱정이 앞서가곤 했다. 우울증도 온다는 주위의 말도 짐작을 하기도 했다. 그래서 차 키를 무조건 움켜쥐려고 했던 것을 나는 인정 하고 더 이상을 버틸 수 없이 감수해야만 한다.

  언제부터인가 마무리해야 하는 결단 내려야 할 시간을 계획을 미루고 여러 번 번복한 나의 말에 주위의 신뢰도도 깨지기도 했었다. 나는 집에서 머물며 차분한 성격이 못되고 약간의 역마 끼가 있어 집 밖에 나가기를 좋아한다. 아마도 혼자인 나는 내 영혼의 싱그러움의 위로를 찾기 위함이었는가? 나는 인정을 하게 되었다.

  나는 십 년 전에 고국에 완전 귀국하고 그때 당시에 버스와 택시를 타는 어려움에 간단히 적응하지 못한 겁쟁이가 되고 말았었다. 지금도 버스 타는 두려움이 있다. 고속이 아닌 시내에서 운영하는 차들이다. 그렇다고 탓하자는 것은 아니다. 문화가 다른 곳에서 왔기에 적응이 어려웠다고 생각한다. 지난번 비엔나에서 지인이 여행 차 와서 호텔에 하루를 묵으면서 모 호텔 주소와 근방에 제법 큰 건물을 만나자는 메시지로 보내왔다.

  나는 택시를 타고 호텔 이름을 말했다. 택시기사는 모른다고 나한테 반문했다. 나는 의아하면서 그 근방의 유명한 건물을 여러 번 말했다. 그래도 모른다고 했다. 메시지대로 남문 근방이라고 했다. 그런데 느닷없이 오락가락한다고 나에게 버럭 화를 냈다. 이 상황을 어떻게 설명하고 받아드릴까? 순간 기가 막혔다. 언젠가 서울을 하루 만에 다녀오느라 밤중에 도착했다. 택시를 탔다. 그리고 무거운 짐 때문에 도움 없이 끙끙거리며 어려움 겪고 있는데 택시기사는 굼뜨게 보였는지 빨리 타라며 인정사정도 없이 신경질을 곤두세우고 대할 때에 정말 힘이 들었었다. 그 외에도 낯선 이에게 개인적인 예의에 벗어나는 사생활을 물어오는지 난처하기도 하고 그러한 것들 받아드리기 힘들었다. 내 융통성이 부족했는지 스스로 묻기도 한다. 말없이 좋은 분위기의 기사님들도 있어 그럴 때는 마음이 편했다.

외국에서는 택시를 타고 주소만 말하면 그 집 앞에 대기해주고 짐이 있으면 기사님은 반드시 차에서 내려와 실어주고 내려주고 하는 배려가 당연했었다.

나는 택시에 불안함이 있듯이 역시 버스도 마찬가지였다. 버스를 타려면 민첩해야 하는데 버스 계단도 높아 숙달치 못해 빨리 못한다는 강박증이 나 스스로 탓하기도 했다. 한 번은 내 딴에 서둘러 내렸지마는 내가 내리기도 전에 버스가 출발해서 버스 바퀴에 치울 뻔했다.

나는 당분간 넋이 빠져있었고 한마디 말 건네줌도 없이 버스는 이미 떠났다. 그때를 뒤돌아 생각하면 아슬아슬한 몸서리처지는 현장이었다. 내 살던 곳의 버스 문의 발판은 그리 높지 않고 타거나 내리거나 그 빨리빨리 없이 자연스럽고 태연하게 불안 없이 차를 타고 다닌 것으로 기억하고 있다.

나는 이젠 자가용 없이 살아야 한다. 그래서 버스와 택시는 필수가 된다. 나는 이곳에 살고 있다. 사는 이곳에서 이 현실을 부대끼며 받아드리고 적응해야만 하는 것 나의 살길뿐이다. 내 삶의 영역에서 앞날을 내려다보며 극복하게 될 때까지 인내하자고 하고 다짐함을 번복한다.

제1부

고마운 지인

　오늘 내가 애지중지하던 차를 건네주었다. 나는 물론 허전함에 깃든 둘레에서 벗어나지 못하고 하루 내내 먹먹한 마음을 저버릴 수가 없었다. 우울함에 지쳐 마음 산란한 이때 먼 나라 비엔나에 사는 지인으로부터 뜻밖에 생각지도 안 한 기쁨의 메시지를 받았다.
　내가 출간한 "그리운 어머니"를 보내준 책을 읽고 감동과 칭찬의 인사와 기꺼운 마음으로 모든 비용을 분담하겠다며 나를 비엔나로 초대한다고 한 내용이었다. 나는 그때 내 삶의 이랑이 잘 가꾸어 놓았는지 뒤를 돌아보며 흐뭇하기도 했다. 나는 그녀로부터 훈훈한 온기와 잠시 흥분과 기쁨의 범벅이 되어 밤잠을 제대로 이루지를 못했다.
　따스한 봄의 온기로 평화의 비둘기의 날개를 타고 온 온정의 소식에 그 옛날 옛정이 새록새록 피어 나오는 듯해 나는 내어준 차키를 잊고 당분간 기뻤다. 내 살던 그리운 그곳을 어서 가서 따스한 손을 덥석 잡고 그 동네의 지난날 흔적을 찾아 한 바퀴 돌면서 그리운 사람들을 만나고 싶은 마음 간절했다. 이 만남의 기회를 진심으로 고마움의 샘물이 펄펄 솟아오름이 그녀의 마음을 건너 들여다보며 나는 흐뭇했다.

비엔나에서 본향으로 돌아온 지가 만 십 년이 되었다. 그녀는 쉼 없이 꾸준히 나에게 지금도 좋은 글의 메시지를 계속 보내주었다. 나는 보고 읽고 답을 못해 처음에는 미안한 생각이 있었는데 세월이 흐를수록 무디어가는 마음으로 읽기만 했다. 그녀는 품성이 좋은 어질 사람으로서 동네 소문이 자자하다. 그리고 비엔나에서 대체적인 성공한 그녀이다.

우리는 교회 공동체에서 만났다. 처음 만났을 때 인상이 좋아 가까운 마음이 되었다. 내가 처음 비엔나에서 내 삶의 터전에서 마음고생을 했듯이 그녀도 한때는 나와 비슷한 마음고생을 하는 듯해서 나를 뒤돌아보며 나는 그때 당시에 그녀에게 애잔한 마음을 가지기도 했다. 나는 조그마한 사업을 하다가 결국은 실패했을 때 빵 살 돈도 없었다, 빵이 필요했다. 누군가에 도움을 청하려고 이 얼굴 저 얼굴 생각을 하다가 결국은 그녀 앞에 주저주저 망설이다가 겨우 꺼냈는데 두 말없이 곧장 융통해 주었다. 그 후에 갚을 수 없는 형편을 알았는지 다른 곳에 김치를 주문을 받아 팔아넘기는 나를 알고 그녀는 김치 주문을 했다. 나는 몇 번 담아주었는데 수고를 했다면서 이젠 그만두라고 했다. 그 돈은 몇 번의 김치에 비교할 수 없이 많은 돈이었다. 미안하고 고마움과 부끄러움에 남몰래 눈물샘도 훔치기도 했다. 몇 년 전에 그녀로부터 갑자기 연락이 왔다. 이곳 전주 모 대학의 후원자로서 전주에 온다는 소식이었다.

나는 초대를 받아 갔다. 한옥마을의 예쁘게 단장한 넓은 정원의 파티장에 나는 일찍 도착해서 기다리고 있었다. 조금 후 저만큼 그 일행이 그녀를 둘러싸고 오는데 저명한 인사로서 상상외로 나는 놀라워하며 반가운 만남이었다. 적당히 많은 초대인들이 모여 성황을 이룬 그녀를 위한 환영식이 시작되었다. 나는 만남의 인사 외에는 더 이상 그녀와 대화를 할 수가 없었다. 섭섭하기보다 그녀의 그 유명세에 놀랐고 이해를 했다. 그녀는 이곳뿐만 아니라 그 좋은 마음씨로부터 여러 군데 후원하는 것으로 나는 알고 있다.

그리고 그녀는 훌륭한 좋은 동반자를 만나 행복하게 살고 있다. 나는 그러한 그녀로부터 초대를 받아 그 덕분에 그 고마움을 타고 그 옛날 그 동네 그 비엔나 살던 그 흔적의 발자취 그림자를 찾아 한 바퀴 돌고 싶은 생각이 간절하다.

제1부

종강을 맞이해서

나는 이번 여름의 종강으로서 십 년을 넘겨 원광대학 평생교육에 일관성 있게 다녔다. 마음 같아서는 계속 다니고 싶다. 그러나 나이인 만큼 한계가 온 것 같다. 돌이켜 넘겨 생각해 보면 훌쩍 넘긴 십 년의 세월이 변화무쌍 속에서 기쁨과 연민을 안고 달음질 한 것 같다. 세월이 유수와 같다는 상념에 사로잡혀 이 공간에 오는 현실의 외로움을 달래고 있다. 내 인생에서 책가방을 들고 교육원에 드나드는 십 년의 목요일은 잊을 수 없는 날이 되었다. 이날은 꼭두새벽같이 일어나 기대와 설레는 마음의 바쁜 하루였다. 써놓은 원고를 들여다 읽고 또 읽고 행여나 이 문장이 나을까 지우고 고치고 반복을 하고 인쇄하고 글을 쓴답시고 좋은 평가를 받을 것을 기대하는 책가방을 챙겨 가곤 했다. 나는 자서전을 쓴 계기가 되어 훌륭한 교수님을 만난 인연이 지금까지 글을 쓰게 되었다. 전주 좋은 곳을 놓아두고 먼 익산으로 가느냐고 물어왔을 때는 훌륭한 교수님이라고 일축했다.

손수 운전하여 익산으로 향한 마음 기대를 어깨에 짊어지고 나는 전주시를 벗어나면서 풍요로운 푸름과 맑은 하늘, 아름다운 뜬구름,

바람의 온갖 자연이 넓은 시야에 들어오는 농촌의 풍경을 즐기면서 달려갔다. 봄에는 아카시아 꽃 익산에 들어가는 입구에 줄줄이 늘어선 이 팝 꽃의 향기로움과 한 결 같이 비가 오나 눈이 오나 오고 간 그 정서적인 흔적들 안개 속에서도 끙끙거리며 이 모든 것이 내 삶 속에서 잊을 수 없는 목요일이 한 두름의 추억거리가 되었다.

꾸준히 다닌 결과로 시집과 수필집을 출간하고 올해에는 예술인 작가의 푸짐한 상도 받고 책상의 책꽂이에 끼어 놓은 내 소중한 책들을 보고 있노라면 자부심과 흐뭇한 마음에서 퍽이나 의미 있는 보람을 갖기도 했다. 나는 어떤 책보다 내 책을 자주 읽는다. 내가 가슴과 머리와 쓴 내 글월이기에 다른 책보다 물론 공감이 훨씬 큰 차이가 있어 머리 맞대어 놓고 읽는다. 나는 비엔나에서 귀국 전에 헝가리 아기(이름)라는 친구 집에 살았을 때가 있었다. 매일 비엔나에 갈 일이 있었다. 기차를 타고 다녔다. 두 시간 동안에 나는 내 시집을 읽고 또 읽고 읽을수록 내 속 깊은 마음에서 우러나온 공감 역이 샘솟듯이 퍼 나루고 어느새 시간 가는 줄 모르고 두 시간 훌쩍 지나가곤 했다.

내 글귀에 심취해 보고 내 가슴속에서 이러한 글귀가 나왔을까 감회와 잠시 자만심과 자부심에 빠져가기도 했다. 책가방을 들고 시작한 지가 엊그제 같은데 어느새 십 년이라니 이 순간에도 훌쩍 간 세월에 그리움에서 서성거리며 맴돌고 있다. 지난번 종강 수업 후 셋에서 한 시인님과 배 시인님과 차집에서 차를 마시며 재미있게 담소를 나눈 것도 잊을 수 없는 추억의 한 두름이 되었다. 나는 함께 모여 강의를 듣고 글을 쓴 이들과 연민의 정을 뒤에 남겨두고 돌아서야만 하는 마음이 조이기도 한다.

제1부

비엔나의 여로
(현대문학사조 작가상 최우수상 작품)

오래전에 나는 자서전을 썼다. 지난 어느 해 출판을 하려고 출판사와 교섭을 했는데 아쉽게도 실패를 했다. 책상에 꽂아 둔 원고는 해를 넘어 먼지만 쌓여갔다. 내 속수무책이 한심한 눈으로 보아야만 했다. 고국을 귀국한 어느 날 어떤 자리에서 우연히 꺼낸 자서전 얘기를 듣고 지인이 나섰다. 살아오면서 틈틈이 적은 글을 정리해서 첫 시집도 냈다. 아쉽고 유감스럽게도 빛을 보지 못했다. 휑한 기분에 씁쓰름했다.

여름날 한참 무더위가 기성을 부렸다. 혼자 더위를 삭히며 이 생각 저 생각 끝에 겨울에 비엔나에 갈 계획을 세웠다. 순간적으로 떠오르는 생각에 내가 동의하며 무릎이 아플 정도로 의미를 부여했다. '책을 짊어지고 옛 살던 곳 비엔나에 가자' 그래서 판매를 하자, 한인회에서 회관을 지으려고 후원금을 모으는 중이라는 소식을 들었다.

바로 이것이다. 나는 그간 쓰레기로 버린 회비 고지서와 해마다 여는 한인회에 참여하지 않았고 나에게는 낭비라고 생각했다. 그것이 언제부터인가 정신적인 부담이 되었다. 소용없는 후회가 나를 괴

롭헸다. 이번 기회에 조금이나마 짐을 덜고 싶은 마음이었다. 완전하고 만족한 빚은 못 되지만 조금이라도 짐을 덜고 싶은 마음이 절실했다.

나는 칠십 년대 가난을 극복하기 위해서 외국으로 나갔다. 눈물로 세월을 보낸 그 가난 뒤에는 늘 절약이 뒤따랐다. 나는 주위에서 수군대는 짠순이가 되었다. 나 스스로 동의하고 인정을 했다. 돈이 주머니에 들어오는 것을 좋아했고 나가는 것은 지독히도 아꼈다. 정말 짠순이였다. 그때 당시에는 사람들과의 교제도 나에게는 낭비였다. 거의 일터와 집에서만 소일했다. 기회가 주어질 때 때때로 아르바이트도 했었다. 한인회비의 지출도 일단은 접어 두기로 했다. 습관화된 무딘 마음을 감내하며 한인회에 참석하지도 않았다.

겨울이 왔다. 때마침 비엔나 간호협회 모임이 나를 초대했다. 눈 내리는 을씨년스러운 겨울의 잿빛 하늘 아래 비엔나에 도착했다. 이방인으로 오고 가며 바쁘게 살았던 땅이다. 나는 내 작업을 계획대로 시작했다. 가방에 책을 잔뜩 싫고 시린 손을 감내하며 끌고 뚜벅뚜벅 찾아갔다. 전차, 버스, 지하철을 오르고 내리는 문턱들의 버거움과 사람들의 틈을 비집으며 두근거리는 가슴을 안고 파티장에 도착했다.

모두 낯익은 얼굴이었다. 이웃사촌들이었다. 반가운 인사를 손으로 나누며 마주 웃었다. 조금은 수선스럽고 마냥 뜨거운 반가움이었다. 내 가슴도 뭉클 뜨거웠다. 와인의 건배 탓인지 얼굴들이 핑크색으로 물들어 있었다. 홍조를 띤 담소는 장밋빛으로 무르익어갔다. 나는 모두에게 양해를 구했다. 주위는 조용해졌다. 모두의 시선이 나에게로 집중되었다. 내성적인 나는 금방 발이 떨렸다. 부끄러움으로 화끈거렸다. 그런 자신의 다그쳐 태연한 척 입을 열었다. 나의 자서전과 시집을 한인회에 후원하는 뜻으로 판매하겠다는 취지를 설명했다. 호기심에 어린 눈빛들은 뜻밖이라며 잔을 올려 축하를 외쳤다. 모두 한결같이 성원을 아끼지 않았다. 모두 손을 내밀었다. 선물용으로 여러 권을 사기도 했다. 감사에 보답하는 노래 한 곡을 뺐더니 배를 움켜잡고 웃는다. 줄을 서서 기다리는 교민들에게 사인을 해주었다. 난생처음 있는 뜻밖의 나였다. 가느다랗게 떨리는 손끝을 의식하며 사인을 했다. 파티장 불빛 아래 즐거움과 기쁨이 넘쳤다. 파티는 섭섭한 마음으로 끝났다.

  오랫동안 다양하게 교제를 했던 지인들을 방문했다. 반갑게 흔쾌히 맞아 주었다. 따스한 이웃사촌들이 따로 없다. 마주 앉아 옛이야기를 나누며 오랜만에 웃음꽃을 피우기도 했다. 비엔나의 전형적인 잿빛의 건물 위로 펑펑 쏟아지는 겨울눈이 꽁꽁 언 거리가 녹은 눈으로 질퍼덕거렸다. 질척이는 거리를 조심하며 걷는 나는 예나 다름없이 언제나 이곳은 낯선 이방인이다. 책 짐을 끌며 거리를 싸돌아 다녔다. 내가 다닌 한인 공동체에서도 본당의 허락을 받아 출입구에서 연판장을 만들어 놓고 목청을 높였다. 한 권 한 권의 팔리는 것이 참으로 재미있었다. 한 교우는 훌륭한 일을 했다며 칭찬을 아끼지 않았다. 남은 재고를 도맡겠다고 선심을 썼다. 나는 고개 숙여 뜨거운 악수로 보답했다. 가지고 간 책은 며칠 만에 모두 팔렸다. 출판사에 추가 주문을 했다. 판매대금 전부를 후원회에 기탁 했다. 가지고 간 책 보따리를 훌훌 털고 나는 귀국을 했다.

얼마 후 비엔나의 한인회관이 신축됐다는 소식을 들었다. 후원한 사람들의 이름 속에 내 이름도 끼어 나란히 새겨졌다고 한다. 소식을 듣는 순간 오래 묵은 체증이 조금은 내려간 것 같다. 마음의 짐을 어느 정도 내려놓는 듯했다. 그러나 완전히 자유로울 수 없는 씻을 수 없는 그 과거의 무게가 지금도 가슴 한편을 억누른다. 그 짐은 다음 기회에 또 다른 희망 사항으로 접어놓았다.

제1부

병상에서

  병원에서 치료를 받고 나와 생각대로 곧장 천변 쪽으로 걷고 버스정유소를 지나는데 낯설지 않은 뽀글이 할머니 여러 명이 의자에 나란히 앉아 재미있는 이야기들에 귀를 기울이며 버스 정거장에서 흔히 볼 수 있는 한 결 같이 똑 닮은 뽀글이 머리에 나는 미소를 건너 주었다. 오랜만에 반가운 천변을 걷는다. 온 천지가 물안개에 젖어 짙은 잿빛의 을씨년스러운 겨울 풍경이다. 강둑에는 좀스러운 파란 야생화들이 겨울의 혹독한 추위를 견디며 살고 있다. 겨울비로 적당한 강물이 흐르고 있다. 하얀 황새는 우아한 고개를 갸우뚱거리며 먹이를 찾고 물오리 어미 새끼들은 아름다운 겨울의 은물결을 이루며 오순도순 평화스럽게 헤엄치고 있고 늙은 두루미는 누구를 기다리듯이 꼼짝도 하지 않고 먼 산만 바라보고 외로움에 젖어 있는 듯하다. 항상 즐겨 보고 친근감 주는 송사리무리들은 추위에 겨울잠을 자는지 보이지 않아 아쉬웠다.

  나는 하늘 아래 모든 것이 반가웠고 오래간만에 짐스러운 발의 깁스로부터 벗어 자유로움을 느끼며 큰소리로 외치고 싶은 심정이었다. 나는 물안개 속에서 큰 숨을 내뿜으며 상쾌한 마음으로 즐기며 지난 한 해에 두 번이나 넘어진 것을 뒤를 돌아본다. 지난해 따스한 봄날이었다. 한 지인으로부터 정겨운 식사 초대를 받아 가는 도중이었다. 도란도란 담소를 나누며 나란히 가는데 느닷없이 그 지인은 내게로 넘어 져와 나도 넘어졌다. 그 당시에는 무릎만 약간 상처뿐이고 통증은 없었다. 그 이튿날 예전부터 약한 왼쪽 골반에 통증이 시작되었다. 병원에 입원하고 CT, MRI를 찍고 치료했으나 좀처럼 좋아지지 않고 퇴원 후에도 통원치료를 했으나 속수무책으로 여전히 통증이 나를 괴롭혔다. 나는 넘어지기 전 내가 사십 년을 살았던 오스트리아 비엔나의 좋은 지인으로부터 기쁨의 초대장을 받아 놓고 초조함으로 부지런하게 노력했으나 출국의 날 자는 가까이 다가오고 결국은 의사와 상담 끝에 골반에 맞는 주사와 상비약의 소염제를 가지고 다행히도 출국하게 되었다.

  나는 그곳에서 소염제가 필요 없이 약간의 통증을 견딜만해 문제없이 이곳저곳 많이도 쏘다니며 잘 다녀왔다. 그곳과 이곳의 시간 차이로 오는 피로 때문에 푹 쉬는 날을 보내니 피로도 회복되어 나의 일상생활이 예전대로 돌아가게 되었다. 그런데 얼마 후 또 넘어졌다. 오랫동안 정을 나누어 온 지인들과 모임이 있었다. 시골의 야산이었다. 밑에 내려와 머리를 맞대고 맛있는 저녁 식사를 마치고 오후 여섯 시 캄캄한 밤의 좁은 산길을 지인들과 나란히 반가움의 오순도순 정담을 나누며 올라가고 있는데 밑에서 차가 올라오고 있었다. 당연히 우리는 옆으로 비켜야 했다. 비키는 순간 나는 여지없이 넘어지고 말았다. 넘어진 곳이 하필 파헤쳐진 길섶이었다. 차가 조금 늦게 왔어도 우리가 조금 늦게 나왔어도 사태가 일어나지 않았을까 하는 그 순간 갈림길의 운명에 아쉬움이 머리에 맴돌고 있다.

그리고 넘어지는 순간 오랜만에 반가운 만남의 지인들 곁에서 칠칠맞지 못한 내가 되어 미안하고 부끄러웠다. 병원에 갔다. 뼈가 금이 간 골절이었다. 다행히도 수술 없이 반깁스 입원을 하게 되었고 찔뚝찔뚝 걸어 다니는 환자가 되었다. 병상의 치료하는 주위 분들의 친절함에 감사를 느꼈다. 조용한 병상에서 지인들의 방문 후 돌아가는 뒷모습에 길거리의 걸을 때 조심하라는 나의 경험을 상기하며 일일이 부탁하는 나의 인사가 되었다. 큰 조카가 과일바구니를 들고 방문해 왔다. 고마웠다. 우리는 이런저런 이야기를 나누었다.

그리고 "이렇게 혼자일 때 외로워지지 않으세요?"하고 나에게 물었다. "내 처지에 지금 쌀밥 보리밥 가리며 살 수가 있겠느냐?" 고 웃으면서 반문하니 "허허허 그러네" 하고 조카의 너털웃음과 나도 따라 우리는 눈을 마주치며 같이 웃었다. 소도 언덕이 있어야 비비듯이 나에게는 이미 먼 옛날에도 지금도 비빌 언덕 없이 내 삶을 살아왔고 앞으로 보이지 않는 그 허상의 비빌 언덕을 쫓지 않고 내 처지 있는 그대로 잡아 끌어안고 살기를 다짐한다.

제1부

뉘른베르크 담아온 친우

　나에게는 독일 지방에 세 친우가 살고 있다. 퀼른, 비스바덴, 뉘른베르크이다. 처음에 일자리를 찾아 우리는 모두 함께 비엔나로 갔었는데 그때 상황에 따라 그녀들은 독일로 건너가 살게 되었다. 지난 비엔나에서 모임이 있을 때 뉘른베르크에 사는 친구로부터 초대를 받았다. 그곳에 다녀온 지도 오래되었다. 기차로 가기로 했다. 기차출발 구인 동부 역으로 미리 전날 표를 매입을 위해 갔었는데 그 동안에 많은 변화로서 묻고 물어 겨우 표를 얻게 되었다.
　그 이튿날 넉넉한 시간에 맞추어 갔으나 출발역을 찾아도 눈에 보이지 않아 애타는 심정으로 지나가는 사람을 붙잡고 물었더니 이곳이 아닌 남부역에서 출발한다는 말에 앗 차 하는 순간에 시계를 보니 얼마 남지 않은 시간에 택시가 있는 곳도 보이지 않아 급한 마음이 되어 둘러보니 저편에 있는 숨 차 헐레벌떡하며 겨우 택시를 탔다. 택시 운전기사를 외교로 다그치고 다행히도 기차를 타게 되어 한숨 돌리어 두근거리는 가슴을 안고 아슬아슬한 장면을 뒤에 남겨두고 기차는 어김없이 출발했다. 다행히도 창가 쪽에 앉게 되어 불편함 없이 편한 마음으로 창밖으로 주시하는 눈길을 내내 주시하게 되었다.
　오스트리아의 국경을 지나 독일의 아름다운 자연에 속한 산, 웅장한 숲, 끝없이 펼쳐진 넓은 초록색 광야, 집으로 운집한 도시들, 다양한 색깔의 모형을 만끽하며 세워진 팔랑개비 풍 전기는 간혹 보이는데 곳곳의 산언덕에는 태양광이 줄줄이 눈에 띄게 많았다. 나는 반갑게 만남의 기대를 건너다보며 옛날 그녀와 추억에 빠지어 더듬기 시작했다. 처음 만났을 때 그녀는 연녹색 원피스에 하얀 둥근 칼라로 입은 한참 피어오르는 꽃같이 예뻤다. 성격도 동양적인 얌전하고 그녀를 보면 어느 동양적인 여배우가 생각나기도 했다. 나는 기숙사에서 모두가 떠나가고 이 친구와 늦게까지 정을 나눈 이웃사촌이 되어 살았다. 이 친구는 임신 중이고 남편은 직업상 독일에 계셨다. 나는 곁에서 돌보아 힘이 되어 주었다.
　어느 날 밤에 이상이 있다 하여 곧장 산부인과에 입원을 시켜놓고 나는 이튿날 출근 중에 오후 한 시에 진통이 시작되었다고 연락을 받았다. 나는 오후 일곱 시에 퇴근하고 새 옷으로 갈아입고 곧장 이 친구에 갔다. 힘겨운 진통 속에서 그녀에게 다가가니 구세주를 만났듯이 내 손을 덥석 잡았다. 병실에 그녀뿐만 아니라 양 곁에 진통을 겪는 산모들이 있는데 그녀들은 진통이 있을 때마다 소리를 지르면 의사와 간호사가 곁에 와서 돌보는데 이 친구는 나만 붙잡고 꾹 참는 인내심을 발휘하여 소리가 없으니 나는 당분간 답답하고 행여나 무슨 일이 일어날까 불안해서 아프다고 소리를 지르라고 권고도 했다. 아이가 세상 밖에 나올 때까지 내 손을 놓아주지 않았다. 나도 그녀와 함께 온 힘을 다하여 네 시간 동안 산고를 치르게 되었다. 곁에서 지켜보는 간호사가 안 되었다는 눈길로 뜨신 우유를 한 잔을 제공했는데도 내 손을 놓아주지 않아 내 목마름에도 채워주지 못했다. 나는 그 후에 몸살로 앓아눕기도 했다. 여느 남편도 곁에 동반해서 직접 그 현실을 직시하고 그 고통을 같이 나누어야 한다는 것을 절실히 인식하게 되었다. 우리는 역에서 드디어 만남으로 반가움과 기쁨이 우정의 감미로움을 가지게 되었다.

나는 친우의 사랑 배려로 밤도 깊어가는 줄도 모르고 옛 추억을 담은 오순도순 이야기를 나누기도 했다. 온천도 가서 물장구를 치며 즐겼다. 주위의 아름다운 곳을 산책도 다양한 과거의 이야기에 꽃을 피우기도 했다. 두 딸이 뒤에 따라오면서 예쁜 자연과 꽃밭에 다양한 꽃들, 엄마와 나를 영상으로 한켠의 추억을 담겨주었다. 아쉬운 헤어지는 순간이 왔다. 가족들이 우르르 나와서 배웅을 했다. 저만큼 코로나로 인해 가까이 못 오는 어린 두 예쁘고 낯가리는 손녀딸이 애정 어린 눈빛으로 빤히 나와 눈길을 마주치었다. 나는 달려가 금방이라도 뜨겁게 껴안고 싶은 충동이었는데 그 여운이 아직도 머리에 맴돌고 있다.

제1부

쾰른에서 담아온 우정

　독일 쾰른에서 사는 친구가 내가 방문한다는 소식에 반가운 마음으로 기다리고 있다. 따듯한 봄날을 선택하고 오는 손님이기에 싱그러운 새 봄바람 속에 맞이하자 마음 다짐한다. 우리의 인연은 비엔나에 갔을 때 기숙사에서 한방에서 함께 살게 되었다.

　그녀는 어린 나이에 가난했기에 장래 삶의 터전을 찾아 먼 나라에 왔었다. 내 눈으로는 기특했다. 그녀는 나약한 체질이었다. 항상 문제를 안고 있는 듯 힘없이 보였다. 그녀를 지켜볼 때마다 걱정되었다. 나는 좀 더 가까운 마음으로 다가가 도닥거려 주고 조언과 격려로서 위로해 주었다. 그리고 따듯한 먹거리를 챙겨 밥상 앞에서 사랑으로 다그치기도 했다. 나는 먼 옛날이 되었기에 그 실행을 잊고 있었다.

　그러나 그녀는 잊지 않고 마음에 새겨 담아두고 만날 때마다 그 옛날 나의 실행을 끄집어내 은혜를 되돌려 주고 싶다고 했다. 그녀는 막무가내기로 나를 초대했다. 비행기 표를 보냈다. 나는 두 시간 걸리는 비행기 안에서 솜털 같은 하얀 구름을 창밖으로 내려다보고 즐기며 그녀 말대로 편하게 도착했다. 어마어마한 큰 쾰른비행장에서 반가움과 기쁨이 이루 말할 수가 없었다. 우리는 뜨거운 마음으로 서로 부둥켜안고 나는 감개무량에 당분간 가느다란 흥분도 했다. 독일에 왔다는 자부심과 복잡한 도시를 떠나 호기심을 지닌 마음으로 집에 도착했다.

이 층의 주택이었다. 넓은 안의 공간과 앞뜰에 넓은 정원이 있어 내 마음에 들었다. 가을의 고운 낙엽으로 물든 감나무, 포도나무, 살구나무, 앵두나무 등등의 다양한 나무들이 줄줄이 심어있다, 모두 한국 고향에서 몸소 가지고 와서 심었다고 한다. 나는 그녀에 대한 일꾼의 오지랖을 느끼며 대단하다고 칭찬을 해주었다. 대롱대롱 아직도 매달려 있는 가을의 포도를 한입에 넣으니 시큼 달콤한 맛이 우리나라 품종에 잠시 내 고향의 향수에 젖기도 했다. 밤이 왔다. 밥상을 물리치고 끓인 차를 앞에 놓고 마시기 시작했다. 자연스레 옛날을 회상하며 이야기를 주고받으며 나누었다.

우리나라가 그 당시에 가난했던 처지와 뒤에 두고 온 가족들을 도와야만 했다. 우리 모두 송금하여 적지 않은 가족의 보탬이 되어주었다. 결국은 그 희생의 보람도 없이 오히려 지금은 씻을 수 없는 상처만 남은 우리들의 동일인이었다. 서로 소통되어 우리들의 지난 상처를 끄집어내어 가슴에 쌓인 산적한 누적을 품어내기도 했다. 그 이튿날이었다. 우리는 세계적 보루의 쾰른의 대성당에 갔다. 많은 인파에 휩싸여 웅장한 대성당 앞에 서서 다양한 나라에서 온 사람들이 신의 섭리에 감동의 눈빛을 한곳에 모으고 있다. 나도 함께 눈과 마음을 모아 한참을 우러러보며 내 속내를 드러내 보이기도 했다. 쾰른에서 멀지 않은 본으로 갔다. 괴테의 생가에 둘러 훌륭한 유산 물을 꼼꼼히 들여다보며 나오면서 방명록에 한 글자 남겨두었다. 참으로 뿌듯했다. 가게로 운집한 시내로 나왔다. 이곳도 청명한 하늘 아래 사람들이 많이 우글거리고 시끄러운 시장터였다. 아이스 가게에 앉을 자리가 없다. 기다린 끝에 겨우 자리를 찾아 맛있는 가을의 아이스를 즐겨 먹었다. 나는 이 친우로부터 융숭한 대접을 받아 다음 약속 장소의 비스바덴의 친우에게 가야 했다. 친우의 아쉬운 배웅으로 손을 흔들며 기차를 탔다.

제1부
비스바덴에서 담아온 우정

쾰른역에서 친우와 헤어져 간 아쉬운 여운을 뒤에 남겨두고 비스바덴으로 향하는 기차를 타고 가고 있다. 주위에 독일 사람들의 시선을 받으며 내 곁 자석에는 중년으로 보이는 여자가 말없이 조용히 가고 있었다. 창밖의 눈길에 갑자기 유유히 흐르는 라인강이 보였다. 뜻밖에 유명한 풍요로운 강을 만나니 환성을 지르고 싶지만 다만 마음속의 호들갑을 떨기만 했다. 주위에는 아름다운 숲으로 둘러있고 독일의 산천초목에 주목하며 기차는 가도 가도 강물 따라가고 있는 듯하다. 산언덕마다 오월의 유채 꽃 같은 노란 색깔이 반듯하게 줄줄이 나란히 세워져 있는 모습이 한 폭의 그림과 같이 아름답게 멀리멀리 펼쳐있었다.

나는 그 경이로움에 도취 되어 호기심에서 곁에 있는 독일인 여자에게 그 예쁨을 물어볼 수뿐이 없었다. 늦가을의 낙엽 잎이 된 포도밭의 전경이 끝없이 이어지고 있었다. 나는 라인강과 포도밭의 아쉬움을 뒤로 넘기며 비스바덴역에서 우리는 반갑게 다시 만났다. 나는 제 삼의 친우 집에 도착했다. 이 친우는 한국 고향에서 귀국 한지 삼일 체인데 그럼에도 불구하고 돈독한 우리 사이로서 반가이 맞이해 주었다.

　이튿날 어느 귀퉁이에 온천의 따뜻함에 푹 빠져 그동안에 피로함이 풀려 상쾌한 기분이 되어 굳은 몸을 풀기도 했다. 다음 날 유명한 로렐라이 언덕을 기대하고 들뜬 마음으로 갔으나 거의 다다라서 갑자기 눈앞에 공사 중 금지 구역이 되어 실망하고 되돌아오며 다음 기회를 엿보기도 했다. 그리고 옛 중세시대 가톨릭 수녀들의 주체가 된 약품을 만들었던 웅장한 고풍의 세워진 수도원이 신앙인으로 관심 가지게 되었다. 안의 성당에 들어가 기억되는 연령을 위해서 불을 여러 개 켜놓고 두 손을 모이기도 했다.

　성물방에 들려 돌아보고 역사가 깃든 손으로 손수 만든 그때 당시의 수녀님 형상 샀다. 그런데 연세가 드신 인자한 모습의 수녀님이 한국인이에요 물어 그렇다고 하니 갑자기 고개를 저으며 슬픔의 눈으로 용산의 십이 구 사태에 대해서 말을 했다. 당분간 어둠의 숨결의 분위기였다. 다음이 시작되었다. 잔잔한 물결이 유유히 흐르는 라인강 곁에 높게 세워진 명예로운 칼을 든 군인의 큰 동상을 눈을 들어 우러러보아야만 했고 뒤쪽 계단에 한발 한발 높은 곳 올라가 밑을 내려다보니 아찔 하는 순간 내 나이가 어때서 독백하면서 용기로 휘어잡기도 했다. 이 외에도 이 친구는 여러 유명한 곳을 맴돌며 가이드 역할을 톡톡히 해냈다. 고마웠다. 헤어질 시간이 왔다. 공항으로 향하면서 오랫동안 모시고 싶은 계획이 있는데 좀 더 머무르지 않는 아쉬움을 구시렁대기도 했다.

우리는 약속대로 출국 시간을 맞추어 친구의 운전으로 쾰른비행장에 갔다. 쾰른의 친구도 시간을 맞추어 왔다. 우린 셋이서 아름다운 만남의 기회였다. 출국 전에 셋이서 머리를 맞대고 차를 마시며 짧은 시간에 쾰른공항의 의미 있는 오붓한 담소를 나눈 후 나는 아쉬움을 뒤에 두고 출국 쪽으로 그 친우들이 보이지 않을 때까지 짜릿한 사랑의 손을 흔들고 있었다. 나는 눈시울을 조금은 적시며 인파에 따라 탑승 쪽으로 갔다. 그녀들은 쾰른 친우 집에서 점심 식사를 머리를 맞대고 맛있게 했다고 전언으로 들었다. 나도 그들과 그 자리에 가슴으로 동참하면서 참으로 행복했다.

제2부
실버타운에서 시작된 생활

제2부

옛 혼적을 더듬으며

　오스트리아 비엔나를 지난해에 다녀왔다. 뒤돌아보니 세월의 무상함을 감수해야만 했다. 내가 살아온 그 땅에 지난 발자국의 실생활을 남긴 곳곳마다 추억을 더듬어 되씹어 보고 싶어 계획을 세웠다. 그리고 왼 종일 하루를 혼자만 걸어 내 지난 추억 길에 기꺼이 투자하기로 했다. 어느 날 아침부터 샘솟는 긴장감을 가지고 신발 끈을 단단히 매고 집 밖을 나섰다. 먼저 내가 살던 동래와 집에 가고 싶었다. 나는 밖으로 나와 먼저 버스를 탔다. 지하철, 전철, 또 버스를 갈아타고 멀지 않는 곳이지만 여러 번 갈아타고 도착 되었다. 잠시 울컥했다. 주위를 두리번 살폈다. 변한 것 없는 주위를 살피며 내 살던 아파트로 다가갔다. 내가 살던 집 앞에 서서 눈앞에 귀여운 아이들의 벽 그림이 그려진 초등학교는 여전하고 정원에 세워진 우리나라 품종의 우뚝 솟은 소나무는 나에게는 특별했었다. 때때로 내 고향의 솔밭을 건너다보며 향수에 젖기도 했다. 내가 곧잘 다였던 곁 공원은 그동안에 무척 자란 풍요한 나무숲으로 되었다. 잠시 빈 의자에 혼자 앉아 우수에 젖기도 했다. 다음은 내가 오고 간 길을 따라 오랫동안 근무했던 병원으로 갔다. 내가 오랫동안 일을 한 병동은 옛날 그대로 단단한 모습으로 서 있었다. 안에 들어가고 싶었으나 못 들어갔다. 주위를 맴돌며 일의 현장에서 파트너였던 마리아, 갑이, 에디트, 엘리사벳, 함께 일한 여러 동료 등등의 그리운 얼굴들을 당분간 몹시도 보고 싶었다. 나는 이 상상의 나래를 뒤에 남겨두고 다음 목적지로 향했다. 지하철을 타고 비엔나의 가장 중심지인 karlsplatz(카알스풀랏츠)에서 내려 에스컬레이터로 올라가니 여전히 많은 인파가 움직이는 모습들은 곧장 볼 수 있다. 좀 더 들어가면 눈요기를 끄는 화려한 가게들 내국인 외국인 한가하게 분주하게 나름대로 만끽하고 있는 풍경을 볼 수 있다. 나 역시도 이 거리를 옛 추억을 다소나마 더듬거리면서 혼자인 나는 사람들의 물결에 따라 두리번 그리고 우쭐대며 활보하기도 했다. 더 들어가면 stephnsplatz(스테판스풀랏츠) 광장에는 많은 여행객의 인파가 몰려 대성당의 위주로 영상을 찍느라 곳곳에 그룹 가이드의 설명과 성당의 문턱에는 들락거리는 사람들로 인산인해를 이루고 있었다.

  나는 성당 안으로 들어갔다. 여행객들이 켜 논 이글거리는 많은 촛불의 향내는 장내에 가득하고 촛불 앞에 기도하는 사람들을 따라 나도 고국을 생각하면서 여러 개 촛불을 켜놓고 두 손을 모아 염원을 위해 진지하게 묵념을 했다. 신앙인으로서 자부심으로 감격 적인 미사도 봉헌했다. 성당에서 나왔다. 다음 목적지로 향하였다. 지하철을 타고 두 노선째 내려 올라가면 mariahilf,st.(마리아힐퍼거리) 가 나온다. 나는 첫 거름을 디디면서 걷기 시작했다. 이 거리에 높지도 않은 단단한 고풍의 건물들이 여전히 견고하고 양쪽과 긴 거리와 넓이가 큰 사이인데 옛날에는 다니던 차도 차단하고 나무와 꽃으로 장식해서 정서적으로 기분 좋은 분위기가 되었다. 오고 가는 사람들 속에서 옛 추억을 찾아 여기저기 눈을 굴리며 기웃거리기도 했다. 피곤하면 곱게 단장한 나무 밑 의자에 앉아 지나가는 여러 나라 사람 (특히 아랍인)들을 관찰한 것은 매우 흥미로 웠다.

  나는 계속 걸었다. 눈길 끄는 가게에 들어가 마음에 드는 물건을 서슴없이 사기도 했다. 저 건너편에 유명한 "아이다"라는 커피숍이 눈에 띄었다. 반가웠다. 목도 마르고 옛날 친우들과 곧잘 들려 마시고 맛있는 빵을 먹으며 조잘대던 그 시절이 떠오르며 이곳도 한 켠의 담긴 추억을 되새기고 싶었다. 안에 들어갔다. 사람들이 꽉 찼다. 빈자리가 있는 머리가 하얀 할머니가 혼자 있어 나는 다가가 앉아도 되느냐고 물었다. 웃음을 지으며 흔쾌히 맞이해주었다. 주문한 커피가 늦었기에 자연히 우리는 대화를 나누게 되었다. 그저 평범한 이야기와 고마움을 느끼며 하얀 머리가 예쁘다고 칭찬하니 순진한 웃음 속에 귀여움이 엿보이기도 했다. 나는 또 걸었다. 걷다 보니 어느새 비엔나의 동쪽 역이 나왔다. 역을 바라보며 옛날 그 시절에 가끔은 독일을 향하여 기차를 타고 즐기며 재미있게 다니던 생각이 떠오르기도 했다. 늦은 오후가 되었다. 비엔나 시내에서는 흔히 볼 수 있는 비엔나의 전통적인 빨강 전차를 탔었다. 이젠 마지막이라는 생각을 하고 있었다. 그리고 우울했다.

제2부

우정의 옛길
- 작년 가을 비엔나에서 -

　우정어린 마음으로 오랜만에 만난 우리는 기쁨에 들떠 자연 길에 나섰다. 도나우 곁길을 따라 달리는 창 넘어 가을의 높푸른 하늘을 올려다보며 눈에 들어오는 모든 자연에 감동의 눈길을 나는 보냈다. 옛날 가끔 이곳 길을 오고 가고 다니며 도나우 유유히 흐르는 물가에 푸른 숲과 다양한 꽃으로 수놓은 아름다움을 즐겨 했는데 옛날 그때 쌓인 추억에 더욱 덧씌우는 우정의 현실 길이 되었다. 조용히 마음속의 행복을 누리며 계속 달리어 주었다. 달리다가 멈추어 숲길을 따라 산책을 시작했다. 햇살이 온 누리에 쏟아 부어 주는 가을 속의 광활한 포도밭을 맞이하게 되었다. 한참 무르익어가는 싱싱한 알알이 한 송이의 묶음이 되어 주렁주렁 매달린 풍요로운 청포도밭이 울타리 없이 쑥쑥 익어가는 모습이 가관이었다. 이곳이 포도주를 만드는 주 지역 크렘스 도시이다. 이 포도밭들을 지나쳐가면서 그냥 지나칠 수 없어 감칠맛이 발동하여 한 송이씩 따서 맛보는데 시큼 달콤한 맛에 서로 눈길을 마주치며 이 분위기에 매료될 수밖에 없었다. 그리고 가을에 여무는 호두나무 밑에 떨어져 여기저기 널브러져 뒹굴고 있는 알들을 그냥 지날 수 없어 즐기며 한 주먹씩

줍기도 했다. 우리는 초록색 가을의 풍요로운 포도밭에 서서 아름다운 도나우를 가로질러 건너의 사방을 둘러보았다. 시야에 들어오는 주위의 가을 숲으로 둘러싸인 인상 깊은 한 결 같이 눈에 잘 띄는 특이한 주황색 지붕으로 이루어진 도시에 평화를 상징하는 우뚝 솟은 성당에 퍽이나 인상적이고 오스트리아에는 곳곳에서 볼 수 있는 전통적인 아름다운 풍경이다.

우리 일행은 일상적인 구수한 카페도 빼놓을 수 없는 도시로 들였다. 먼저 카페 하우스를 들려 멜란쉬(오스트리아의 전통적인 비엔나 카페)와 달콤한 빵을 먹으며 잠시 이곳에 왔다는 사실에 꿈같은 행복에 잠기기도 했고 그 옛날이야기를 카페에 담아 꽃을 피우기며 즐기기도 했다. 우리는 밖으로 나와 예나 다름없이 시내 길을 둘러보았다. 고풍을 풍겨주는 옛날 건물들이 아담하고 깨끗한 도시로서 줄줄이 차려놓은 상가들에 눈길을 기웃거리기도 했다. 며칠이 지난 후에 나는 하얀 이를 드러내며 웃고 반겨주는 모 친우와 만나 비엔나의 가장 높은 그 유명한 아름다운 숲에 동행하게 되었다. 새해마다 비엔나의 숲의 노래와 우아한 왈츠(발레)가 전 세계로 울려 퍼지는 영상으로도 볼 수 있기도 하다. 나는 내 생에 여러 번 이곳저곳 다녀간 곳이다. 가을바람이 솔솔 불어오는 청명한 날씨에 한결 상쾌한 마음으로 주변에 맴돌기 시작했다. 잘 자란 쭉쭉 뻗은 나무들로 이루어진 넓고 웅장한 숲속에 서서 한때의 옛 추억에 담긴 보따리를 풀며 숲길 오솔길을 걸었다. 매봄마다 사랑하는 이웃사촌들과 함께 명이나물, 참나물, 고사리를 따다 푸짐한 밥상도 일미였지만 뚝뚝 꺾는 재미있는 소리와 우리끼리 재잘거리고 수다쟁이들이 되어 마음껏 모든 세상만사 일은 잊고 그 재미를 맛본 체험의 세월이 이젠 이 숲을 한 가슴에 담고 때로는 슬픔에 잠겨 그리움으로 여울져 가고 있다. 우리는 한쪽 숲에 얹혀있는 칼렌베르크의 전망대에 섰다. 아래로 내려다보는 시야에 온갖 아름다움이 펼쳐지고 있다. 넓은 비엔나 도시와 흘러내리는 긴 다뉴브강이 하늘과 땅 사이로 멀리 끝없이 흐르는 듯 보였다.

강 사이의 좌로는 각 나라 만기가 휘날리는 유엔 건물이 우뚝 서 있고 우로는 육백 년이 넘은 우뚝 솟은 우람찬 대성당과 동화 속에 나오는 조화로운 예쁜 그림의 특이한 소각장이 도시 한가운데 눈에 띄게 특별히 잘 보였다. 추억으로 남길 영상 하나를 찍어 놓고 보니 난간에 기댄 내 뒤에는 아름다운 전경이 끝없이 펼쳐진 그림은 영원히 지워지지 않을 것을 마음속에 담겨 왔다. 숲에서 내려왔다. 그린칭이라고 명하는 동래이다. 줄줄이 와인하우스가 펼쳐지어 있다. 이곳은 밤이면 연인, 친구들, 지인들, 여행객이 함께 어울려 와인과 음악에 휩싸이어 전통적인 음식이 있어 마음껏 먹고 마셔대며 마음의 문을 열고 떠들어대는 군상들이 낭만적인 분위기에서 무아지경으로 즐기기도 한다.

이곳 그린칭 와인하우스에서 우리나라 여행객을 위해 우리 노래가 있고 특이나 아리랑을 들을 때에 순간 눈물겹도록 울컥하는 감동의 순간이었다. 이젠 이 모든 추억을 가슴속에 묻어두고 나의 삶에 다시는 걸을 수 없는 우정의 그 길들을 더듬거리며 가끔은 끄집어내어 사무쳐오는 그리움에 웃고 울기도 할 것 같다.

제2부

초대장을 들고
- 비엔나에서 -

　나는 십 년 만에 제 이의 고향인 오스트리아 비엔나를 방문했다. 지난 나의 삶 속에서 희비애락이 간 곳마다 깔리어있다. 들뜬 마음을 잔뜩 지니고 그리운 나의 흔적과 그리도 보고 싶은 만남의 피부로 느끼는 기대와 기쁨을 안고 비행기 트랩에 올랐다.

　우리가 가난했을 때 1972년 도에 갔고 올해로부터 오십 년의 기념행사를 맞이했다. 나는 거기에 가까운 지인으로부터 초대장을 받았다. 그곳 내 뒤안길을 뒤돌아보니 생소한 곳 비엔나에 도착했을 때 엊그제 같은데 겹겹이 쌓인 세월에 어느새 오십 주년을 맞이했다. 나는 장장 열두 시간을 비행기 안에서 지나간 오십 년의 흔적을 모은 지난 내 삶의 이랑에 만감이 교차 되면서 비엔나의 가까운 지인이 고맙게도 정해준 숙소에 도착했다. 그 이튿날 아침에 눈을 뜨니 덩그런 큰방에 전형적인 높은 하얀 천정에 달린 형광등을 보며 드디어 외국에 왔다는 실감을 느꼈다. 나는 일어나 밖으로 나왔다. 낯설지 않은 곳이었다. 첫 아침의 상쾌한 아침 공기를 마음껏 즐겨 마시며 이곳 비엔나 생활이 가득 찬 호기로 시작했다. 넓고 긴 반듯한 여유로운 골목길 양쪽의 인도의 길, 잘 정리된 자전거의 길, 높지 않은 오래된 건물들은 여전히 위풍당당한 깨끗한 고풍을 여전히 자랑하며 골목에 질서 있게 세워진 차들의 주차는 상상대로 옛날 그대로 아름다웠다. 걷기에 상쾌한 기분이 되어 나도 아침에 산책자들과 당당하게 활보하였다. 길을 내려가다 보니 저만큼 우아하고 예쁜 성당이 보여 기뻤다. 가톨릭 신자로서 흥미로움을 가지고 기꺼이 들어가 성체조배를 했다.

다음 미사에 참여하기로 속마음을 드러내고 왔다. 숙소 바로 옆 모퉁이에 빵집이 있다. 사람들이 아침 빵을 사느라 줄줄이 서 있어 나도 끼어 기다리면서 내가 아침마다 맛있게 먹던 갓 구운 싱싱한 아삭거리는 빵을 생각하니 이미 입안에 침이 감돌고 있었다. 이것이 몇 년 만인가 하고 문턱에 들어서니 고소한 빵의 향기로움에 취했다. 옛날 아침마다 식탁에 버터와 딸기잼 외에 또 다른 선택의 잼을 발라 즐겨 맛있게 먹던 소복이 쌓여있는 셈멜(이곳 사람들이 즐겨 먹는 아침 빵)이 먼저 내 눈에 띄었다. 그리고 옛날 그대로 낯익은 빵들이 줄줄이 여러 가지 아롱이다롱이 풍성함이 먹음직스럽게 한눈으로 들어왔다. 한 바구니 들고 와서 오랜만에 서양식의 호크와 메서로 차려 놓은 첫 아침의 밥상에 이웃과 옛이야기 정담을 나누면서 맛있는 첫 아침의 식탁이 되었다.

그날 밤이었다. 우정의 픽업으로 두근거리는 가슴을 안고 만남의 장소에 비엔나의 전통음식 호이리게 (포도주 집) 도착했다. 드디어 십 년 만에 오십 년 지기들의 이상 가족의 만남이었다. 나는 순간 흥분 속에서 서로 반가움과 기쁨의 인사를 나누게 되었다. 주문한 음식이 나와 차려 졌다. 나는 잠시 눈이 둥그렇게 되었다. 옛날에 대했던 비엔나의 전통적인 구운 고기, 돼지고기, 닭고기, 소세지, 감자, 싸워크라우트, 등등의 푸짐한 나무 도마 큰 상차림에 오랜만에 이 현실이 뿌듯한 마음으로 감동되었다. 우리는 머리를 맞대고 맛있게 서로 간 더 먹으라 하는 정겨운 소리를 하며 들으며 나는 맛있게 먹고 이 자리가 물론 벅찬 마음으로 가득 차 있었다. 우리는 담소와 수다로서 점점 무르익어 갔다.
　그 옛날이 엊그제 같은데 먼 타향에 봇짐을 하나씩 싸서 꾸린 새내기로서 울고 웃은 세월에 깃든 체험의 일들을 다시 끄집어내어 회포를 풀고 이젠 한 묶음의 시절이 개그가 되어 많이도 웃었다. 그리고 나는 오랜만에 보는 우정의 얼굴들의 눈여겨 들여다보았다. 모두에게 세월을 지니고 온 주름살의 흔적을 건너보며 속일 수 없는 흘러간 세월을 읽을 수 있었다. 밤이 깊어갔다. 내일 만남의 약속으로 맑은 밤하늘의 수많은 별빛 밑에서 우리는 헤어지는 아쉬움을 안고 있다.

제2부

봄의 이삿짐 1

　창가에 서서 밖의 세상을 보니 청아한 봄 햇살이 쏟아지는 온 누리에 갖 가지 인생살이의 형상을 한 내 조그마한 가슴속에 모아 본다. 건너편 짙푸른 산 아래 옹기종기 모여 있는 재래식 지붕과 한 켠에 애절한 달동네의 가난의 찌든 아픔도 샛길 건너 드높은 나무 곁에 환하게 핀 만개한 오동색 나무 꽃도 간간이 연두색 나무들이 봄바람에 너울너울 춤을 추고 있다. 쌓아온 때 묻은 내 보금자리에서 떠난다고 생각되니 슬픔이 와르르 몰려온다. 펑펑 울며 눈물을 닦고 싶다. 그러나 눈물이 메마른지가 오래된 것 같다. 그리고 인내심이 찌든 이 공간에서 벗어나고 싶은 나다운 용감이 필요했다. 봄 샛길 건너편 담벼락에 매번 봄마다 다복하고 흐늘거린 풍요로운 갖 태어난 여린 가지가 바람에 살랑거리는 즐겨보는 것도 이젠 마지막이다.

　나는 봄의 연두색 복스러운 잎새 시 한 수로 엮어 마음속에 담아 가기로 한다. 마지막 여정에 서서 역시 인생은 나그네인가? 내 뒤안 길을 더듬고 다듬어 본다. 세월은 오고 가고 길에서 생활을 가져오고 점점 가는 세월 속에서 삶의 변화를 가리키고 결국은 늙어가는 결과를 보여주는 것은 섭리에 따라 한 번은 끝마무리가 반드시 온다는 것을 많은 세월을 보낸 나는 이젠 인식하는 나이가 되었다. 언제부터인가 내 늙음을 지켜보며 무디어가는 내 인생에 때로는 지금까지 쌓아온 인내의 탑이 한꺼번에 무너지는 듯 겁이 덜컥 나기도 했다. 자꾸만 흩어지는 내 숨결에서 불안하기도 했다.

나는 세월이 가져온 내리막길에서 자신의 길을 독립적으로 끌고 간다는 것과 점점 희박해가는 것을 언제부터인가 스스로 인지했다. 그리고 어려운 갈림길에서 어느 때부터인가 나의 장래를 어떻게 할 것인가 고민이 깊어지고 있었다. 나는 늘 나의 인생관을 내가 책임 있게 살아야 한다는 확고한 굳힘의 결정이 이젠 현실이 되었다. 그 결과 실버타운으로 들어가기로 했다. 주위 친척들과 지인들이 걱정과 섭섭한 마음이 되어 왜 지금 가느냐고 물어온다. 나는 이별이라는 슬픔과 아픔이 있지마는 지금 내게 인지력이 있을 때 실행하여야 한다고 말을 했다.

이해가 되는지 수궁의 고개를 끄덕이기도 했다. 실버타운은 내일이 아닌 먼 후일이라고 생각했는데 이젠 문턱에 다다르고 있어 서서히 이삿짐을 꾸리고 있다. 어지러운 세속을 떠나 조용한 곳으로 찾아 수양하는 기분이 되어 가벼운 마음이 되기도 한다. 몇 년 전에 근본적인 잘못도 없이 상처를 받게 되었다. 그때 당시에 밖으로 내뿜지 못하는 내 성격에 혼자서 가슴 속앓이를 하면서 힘들게 견디어 내 갔다. 지금도 그 현장을 넘겨다보면 마음이 아프고 신앙인답지 않게 자꾸만 억울함이 바닷물처럼 밀려오기도 한다. 어쩌면 나는 그때부터 이곳을 떠날 탈출구를 서서히 찾기 시작했다.

내 삶의 힘든 여로는 다시 시작되었다. 수녀님들이 운영하는 어느 양로원에 구두로 약속한 거의 삼 십 년 동안 머리를 디밀고 향할 수 있다는 곳 안심하고 살아왔는데 그곳도 실패로 돌아가 나는 그때 당시에 큰 충격을 받아 앞이 캄캄하기도 했다. 장래를 위해서 가만히 있을 수가 없었다. 후유증에 마음을 고치고 인터넷을 뒤지기 시작했다. 그리고 발견하게 되었다. 경기도 수원교구에서 운영하는 실버타운이다. 곧바로 답사도 했다. 마음에 들었고 이미 마음속으로 결정했다. 그리고 동행해 준 친우에게 긍정적으로 이야기를 나누기도 했다. 가톨릭 신자로서 위 분에 매달리며 평안의 은혜를 주시는 절대자의 위 분에 무한한 감사를 하고 있다. 그리고 내가 바라는 것은 남은 내 삶에 그 아픔의 티 끝을 벗어나서 순응의 신앙인답게 살아가자고 적이 다짐을 한다.

제2부

봄의 이삿짐 2

깊은 밤에 잠을 깨고 창가에 눈길이 가니 환한 둥근달이 산마루에 걸쳐 오랜만에 보는 신기함에 반갑기도 했다. 잠이 번쩍 깨어 창가에 다가가 달과 별의 온 누리를 즐기게 되었다. 어렸을 때 밤 술래를 한 동무들과 뒷동산에서 본 그 둥근달 속에 옛 시골 동래를 넘겨다보며 옛날 추억의 그림을 그리며 침묵의 한밤중에 그리움에 젖는다.

나는 그곳이 아닌 이곳에 있다는 실감을 하기도 했다. 달 아래 눈 시야에 펼쳐진 전경의 밤도 그림 한 폭의 아름다운 그림 같다. 아침이면 먼저 창 넘어 눈길이 간다. 풍요로운 푸른 산으로 둘러싸인 그리고 잔잔한 맑은 호수는 안온하고 평화스러운 앞 동네를 지켜보면 저절로 상쾌한 기분에 하루를 시작한다.

그리고 유난히도 멀리 보이는 주황색 지붕들이 제이의 나의 고향을 닮은 듯해서 비엔나의 주위를 맴도는 상상의 나래도 펴간다. 내 생의 내리막길에서 나 자신 스스로 선택해서 잘 왔다고 현실적인 만족한 생각이 든다. 이곳에 입소한 지 벌써 일주일이 되었다. 이사 오던 날 짐을 실은 용달차 뒤에 나는 따라나섰다. 결국은 내 지역 고향에 애착심을 등 뒤에서 멀리 떨어져 사라져가는 아픔 속마음은 소리 없이 이별가를 부르기도 했다. 창밖의 펼쳐진 늦봄의 푸르름을 뒤로 넘기며 가끔은 대지 위에 서글픔을 얹혀 주기도 했다.

시골길을 지나간다. 논마다 나란히 갓 심은 귀여운 아가 모들이 봄의 풍부한 물속에 잠겨 잘 자라는 듯 희망의 눈길을 준다. 풍요로운 푸르른 산길의 구불구불한 길을 따라 올라간다. 거의 당도했다. 실버타운 들어가는 오르막길 양쪽에 오월의 나란히 우뚝 뻗은 싱싱한 나무의 퍼레이드는 나를 환영해 주는 듯 나는 약간의 흥분도 되기도 했다. 두근거리는 가슴을 안고 안으로 들어갔다. 친절한 직원들이 울안의 한 식구가 되었다고 반가이 맞이해 주었다.

짐 보따리를 내려놓고 헤어지는 순간이 왔다. 항상 도움이 필요할 때마다 기꺼이 협조해 주는 조카와 며느리가 동행해 주어 내 마음 든든하고 참으로 고마웠다. 바래다주러 함께 나가 떠나는 순간 나는 울컥했다. 또 올게 하는 조카의 말소리에 그래 안 울게 억지 용감성을 보이며 내가 살 곳 앞마당에서 사라져가는 차를 지켜보며 이별의 손을 흔든 뒤 돌아왔다. 그리고 이곳 실버타운 낯선 곳에 나의 삶의 생활은 가득 찬 호기심과 관심으로서 점심 식사 자리에 인도되어 적당히 큰 홀 안에 꽉 찬 사람들과 함께 시작되었다. 오랜 세월이 쌓인 나의 숙원이었던 혼밥은 이젠 졸업이다. 하고 감탄스럽기도 했다. 안내해주는 직원을 따라 머리를 맞대는 밥상에 셋이서 첫 만남이었다. 조금은 어색한 분위기였으나 이름을 아직 소개를 않은

체 식사 후 한 분의 커피 초대를 받아 건물 앞 숲으로 둘러쌓은 솔솔 불어오는 시원한 바람의 육각형 모종에 둘러앉아 훌쩍이는 커피를 마시며 서로 눈길을 마주치며 이야기를 나눈 첫 교제는 만족스럽게 시작되었다. 날이 갈수록 우리들의 교제는 이웃의 사촌이 되어 가까워지면서 소통이 잘 되어갔다.

첫날 만남은 만족이었다. 앞으로 이곳 아름다운 자연 속에서 먼 장래의 이랑을 가꾸는 순응의 모습을 넘겨다보면서 인간적인 소통이 아니라 진정 하얀 높은 분이 은빛 가루로 곱게 뿌려주는 배려와 양보의 사랑 안에서 평화를 이루어 지탱해 나가기를 소원한다. 첫날 밤을 맞이했다. 갑자기 밖에서 문을 두드렸다. 누군가? 하고 문을 여니 두 분의 자매님이 서 계셨다. 나는 잠시 놀랐지만 반가웠다. 고향 분들이 소문을 듣고 방문해 왔다.

고향의 한 줌의 흙도 귀중한 반가움인데 먼 타향에서 든든한 고향 사람들을 만나 어찌 귀중한 반가울 수가 없겠는가? 우리 셋은 이곳 반려자로서 온전히 고향 이야기 젖어 이런저런 소식에 들뜬 마음으로 나는 홍조를 띠운 분위기 속에서 열변의 이야기꽃을 피우기도 했다. 나는 이렇게 첫날을 긴장과 긍정적인 흥분으로 지냈다. 이곳 실버타운이 새로운 삶의 터전이 되기를 간절한 마음으로 첫 밤을 지새워 보냈다.

제2부

실버타운에서 시작된 생활

 십 년이면 강산도 변한다는데 먼 외국(비엔나) 생활을 접고 늘 그리웠던 고향을 온 지도 벌써 십 년이 되어간다. 믿어지지 않는 현실이다. 그 많은 변화 속에서 내가 실버타운에 입소한 특별한 현실의 사실이다. 겹겹이 쌓여 보낸 세월이 결국은 실버타운의 신세가 되어버린 현실을 그저 허무감에 젖기도 했다. 이곳에 온 어제는 지난 과거가 되고 새로운 나의 삶이 시작되었다. 혼자의 생활을 벗어나 스스로 선택한 함께하는 공동생활에 접어들었다. 이젠 이곳에서 높은 분의 말씀 안에서 배려와 인내성을 발휘하여 잘 살아가자고 적이 마음 다짐을 했다. 나는 팔층의 나의 보금자리가 주어져 낯선 이곳 실버타운의 생활은 시작되었다. 나는 어느 외출도 엘리베이터를 사용해야 했다.
 첫날 엘리베이터를 타고 뒤돌아 밖을 내다보다가 6층에서 우연히 순간 눈에 띄는 달랑 우뚝 솟은 미리내 성당을 보았다. 풍요로운 우거진 짙푸른 숲으로 온통 둘러싸인 하얀 성당을 보자마자 신의 힘으로 얼른 성호경을 그으며 그때부터 오르고 내릴 때마다 그쪽으로 여전히 주시하며 높은 분께서 나에게 쥐 어준 은혜의 현실에 감사

인사를 했다. 때로는 내방 앞 복도 창가에 서서 건너다보며 신의 능력을 느끼면서 신앙인으로서 오~하고 감탄사도 보냈다. 식사 시간이 되었다. 모두가 모였다. 일하는 직원 외에는 물론 모두가 노인들이다. 어린 애처럼 보이는 귀여운 어르신들, 노모 차를 끄는 허리 굽은 노인들, 밖에 세상에는 흔히 보지 못한 하얀 자연머리 색깔들이 잠시 물 드린 내 머리를 뒤돌아보며 그만하자 몇 번의 저버린 약속을 또다시 했다. 아롱이다롱이 노인네들의 세계에서 자유분방한 홀 안의 분위기에 재미가 있는 눈빛으로 눈여겨보기도 했다. 음식은 뷔페식이다. 모두가 질서에 맞추어 줄줄이 오는 순서로 서서 차례가 되면 숟가락, 젓가락, 밥그릇을 챙겨 밥을 먼저 푸고 차례로 반찬 그리고 국을 받아 정해준 자리에 둘러앉아 먹게 되었다.

나는 잠시 홀 안을 둘러보았다. 홀 안에 꽉 찬 식탁에 머리를 맞대고 음식을 드시는 노인네들을 응시하며 이 대열에 낀 나도 이젠 늙은이가 되었구나 하고 실감을 느끼기도 했다. 저녁 식사 후 산책으로 한 바퀴 돌자는 제안이 있었다. 문밖에 서니 석양이 뉘엿뉘엿 깔린 어두움이 오고 있었다. 문밖 로비 바로 곁에 줄줄이 놓인 의자에 앉아 이야기를 나누는 어르신들 앞에 노모 차들이 유난히 눈에 띄기도 했다. 이곳이 어르신들의 유일한 만남의 장소가 되어 한때나마 눈빛을 마주치며 이야기를 하고 듣고 나눌 수 있는 조금은 쉼터의 위로를 받는 장소라고 생각이 들었다.

우리는 걷기 시작했다. 사방팔방에 시야를 황홀하게 하는 숲과 숲

그리고 봄의 고운 푸른 물듦의 감동에 취해 첫날의 산책은 자연스러운 자기소개로 도란도란 처음이라서 그런지 예의 바르게 친절함이 넘치는 이야기로 이어갔다. 이야기를 나누다 보니 우리 셋은 미련 없이 생의 마지막 끝마무리 뒤처리를 깔끔하게 정리하고 왔다는 한 공통성을 갖고 있다는 것을 알게 되었다. 죽으나 사나 우린 이곳이 우리들의 새로운 둥지의 밑 거름이 되어 살아야 한다는 각오와 서로 응원의 눈빛으로 농담이 아닌 받아드려야만 했다. 그리고 우리들의 생활은 공동체 안에서 내일 미래의 관심사와 진솔한 호기로 새로운 삶이 되었다.

제2부

장맛비 내리는 창가에 서서

　하루 내내 비가 주룩주룩 오고 창가에도 빗 줄이 흘러내리고 창 밖의 비 오는 소리에 귀를 기울이고 있다. 깊은 밤에 어디엔가 멀리서 들려오는 맹꽁이와 개구리의 합창이 여름만이 만끽할 수 있는 은은한 멜로디가 들려오고 있다. 장마철이 오기 전 후덥지근한 날씨와 산책의 오솔길에서 개미 떼들이 인산인해를 이루며 일사불란하게 움직이는 행동을 들여다보며 비가 오겠구나 하고 짐작했다.
　결국은 비가 오고 여름 장마는 시작했다. 먹구름이 몰려와 순간 번개 치고 천둥이 울리고 장대비가 창문을 우두둑우두둑 때리기 시작을 했다. 나는 한 때 창가에 서서 한 눈의 시야의 온 대지가 여름의 풍성한 온갖 나무들이 젖은 초록색 진한 물듦이 비바람에 춤을 추고 때론 광풍에 시달리고 있다. 앞마당에 자랑스럽게 우뚝 솟아 있는 빛나는 태극기도 비에 흠뻑 젖어 펄럭이지 못해 제구실을 못하고 있다. 비가 잔인할 정도로 많이 온다. 비가 대지 위에 큰물이 되어 점령하여 이곳저곳 물 사태와 산이 무너진 어마어마한 사태로 있어서는 안 될 칠월의 장마 빗물의 전쟁을 치르는 듯 전 국민의 안타까운 마음을 나는 매스컴을 통해 당분간 견디기 힘든 처참한 사연과 함께 살아야만 했다.

　죽은 생명이 다시는 돌아올 수 없는 이 처참한 현실을 스쳐 지나가는 길을 엿보며 슬픔이 몰려왔다. 때로는 뒤를 돌아보지 않는 잔인한 괴물의 자연이 사람들은 죽음으로 내모는 것을 감수해야만 한다. 헤아릴 수 없는 막대한 피해 속에서 유일한 한 아들의 영정사진(채상병)을 움켜 붙잡고 놓으려 하지 않는 분노의 처참한 울부짖음에 앞날에 엄마의 힘든 세월을 무슨 힘으로 버티어 갈까? 이 밤의 내 가슴도 그저 아프고 답답함이 여울져가고 있다. 나는 잠시 울 엄마가 스물한 살의 예쁜 딸을 죽음으로 보내놓고 많은 세월을 보낸 후에도 잊지 못하고 자리에 앉으면 가슴앓이를 콧노래로 위안 삼아 고난의 길을 가신 울 엄마를 나는 지금도 그때를 건너다보며 생생하게 기억을 하고 있다. 이러한 아픔의 결 체험자로서 세월호 참사와 작년에 이태원 참사를 아직도 잊지 못하고 국가의 잔인한 방치에 대해서 이해할 수 없다. 나는 아픔 마음으로 세월호 노란 리본을 지난해에 차를 반납할 때까지 내 차에 부쳐 있었고 아직도 내 핸드백에 달고 있다.

　나는 나를 나 아준 고향이 걱정되어 곧바로 전화했다. 외국에 살 때도 여름의 물난리와 겨울의 눈사태를 매스컴으로 볼 때마다 불안한 마음으로 전화로 상황을 물었다. 그럴 때마다 전주는 거의 피해가 없어 "괜찮아" 하는 언니의 매 말소리가 안심했었다. 나는 내가 좋아 자주 걷던 천변이 어떠한 피해가 있을까? 하고 훤히 넘겨다보며 먼저 지인에게 물었다. 오 고가 건너는 돌다리도 덮친 펄펄 넘쳐 흘러가는 물살을 동영상으로 보내주었다. 살아 숨 쉬는 전주 천년 보물의 기념물 물고기, 수달, 온갖 벌레들, 천변을 맴도는 아름다운 다양한 새들은 어디에 은신처를 두고 살까? 하고 은근히 걱정도 되기도 했다.

 이 대지 위에 벌어지고 있는 물난리로 참혹한 현실이 어서 지나기를 소망한다.

제2부

고향 내음에 취하고 싶어서

얼마 전에 고향의 문 우회 북 토크 발표회에서 "그리운 어머니" 작품의 발표자로서 초대를 받아 다녀왔다. 나에게 발표회도 중요하지만 잊을 수 없는 내 고향의 바람도 쐬고 보고 만져보고 눈을 마주치는 고향의 내음 겸사겸사 가고 싶어 선 듯 나서게 되었다. 문밖에 나서 가는 대지 위의 들판에도 산에도 가도 가도 온 천지가 풍요로운 초여름 초록색 하늘 아래 펼쳐진 전경에 어느 솔밭을 넘겨 다보며 옛날 시골 찌든 가난한 시절에 사람들이 솔 나무 낙엽송을 갈퀴로 땔감을 긁어 모우는 가난했던 때가 자꾸만 어린 시절이 한 켠의 추억으로 떠오른다. 논에 모들이 물속에 첨벙거리는 엊그제 심은 것 같은데 이젠 훌쩍 자라 밑물을 가린 성성함이 한참 자라는 청년들의 모습을 엿볼 수 있어 보기에 참 좋았다.

옛날 헐벗은 산을 생각하며 오늘날 우리나라의 풍요로운 자연의 참모습을 보는 듯해서 자랑스럽기도 했다. 문우회 발표회는 적당한 문인들이 모여 열심히 하는 사회자의 진행으로 잘 마무리는 되었다. 나는 실패를 안고 돌아와 나 자신 만족감이 아닌 부족감을 느끼며 스스로 혼자서 부끄러움을 감수해야만 했다. 칠 월 달을 접으면서 더위는 기성을 부리기 시작했다. 숙소는 조카 집이었다. 기꺼이 초대를 해주었다. 당분간 나의 삶의 현장에서 둘이(막내 조카와 며느리)의 보살핌을 받으면서 미안함과 정성스러움에 마냥 고맙기도 했다. 조카며느리의 아픈 손가락을 가지고 잠자리, 먹거리 챙겨주는 곁에서 보면서 더욱 미안했다. 그리고 갑자기 잃어버린 필수적인 내 안경 돋보기에 구시렁대는 나에게 앞장서서 동행해준 안경가게에도 새로이 쌓아가는 가까움과 정에 고마움을 가지게 되었다. 그리고 나의 냉면 타령에 머리를 맞대고 시원한 한 그릇 뚝딱 먹어 치운 후에 우리는 내 지역의 보루인 반가운 천변을 즐겨 걷기 시작했다. 메마른 땅에 단비가 온 후라 적당히 많이 흘러가는 강물도 만면에 만족감의 가지고 내가 십 년 전 외국에서 고국의 고향에 돌아왔을 때 나에게는 낯선 이곳이었다. 그래서 내 외로움을 달래어 삭이느라 날마다 쫓아 온 이곳 천변 나의 역사 이야기에 의외라는 듯이 "그려셨군요" 하고 귀 기울 주기도 했다.

  저녁 들녘의 솔솔 부어주는 시원한 바람 속에서 우리는 계속 걸었다. 그리고 허름한 나무 의자에 앉아 쉬면서 그런저런 옛날 흔적을 쫓아 이야기를 나누니 다분히 평온한 분위기에 좀 더 깊은 정을 느끼는 분위기가 되었다. 깊어지는 밤의 야경을 뒤로 남겨두고 집에 왔다. 나는 작년에 두 번씩이나 넘어져 골반이 많이 상했다. 부지런히 치료실을 방문했다. 한해를 훌쩍 넘겨 가는 내 골반의 통증이 두 시간을 걸었는데도 거의 나아가는 현실을 확인하고 기쁨을 누릴 수가 있을까? 의문을 가지고 징징거리지 않는 내가 되기를 건강의 소망에 기대했다. 그 이튿날 셋째 조카와 며느리가 초대했다. 맛있는 고기 후에 시원한 카페집에서 둘러앉아 작년에 돌아가신 언니의 향한 이야기를 나누게 되었다. 나는 특히 외국의 세 번 찍이나 언니와 함께 여행길에서 이런저런 일어난 에피소드 이야기에 웃음을 자아내기도 했다. 오랜만에 조카와 좋은 밤을 남기고 하룻밤을 지새우며 왠지 언니에 향하여서 적이 고마움을 느끼며 잠을 청했다.

나는 굳이 데려다주는 고마운 조카의 배려로 익산 친구 집에 방문했다. 다른 것은 제치고 이 친구는 꼭 보고 싶고 항상 나눔의 우정 때문이었다. 마음이 너그럽고 아량도 배려심도 나에게는 속마음을 나눌 수 있는 소통의 친구이기 했다. 이 친구는 아파 거의 삼 년을 병상에 있다. 방문을 열고 들어가 살이 무척 빠져 마른 친구를 보는 순간 울컥하는 내 감정을 억제해야만 했다.

그동안 안부를 묻고 점심때가 되어 주섬주섬 나들이옷을 갈아입혀 어린애 모양 신발을 신겨주고 택시를 다른 친구와 함께 양어깨를 부축여 태우고 보신을 위하여 갈비탕집으로 갔다. 우리 셋이 둘러앉아 머리를 맞대고 친구의 밥그릇을 지켜보며 많이 먹어야 한다는 말을 나도 다른 친구도 여러 번 번복도 했었다. 나는 이 슬픈 현실을 두고 돌아서야만 했다. 때로는 이 냉엄한 현실에서 어쩔 수 없는 단지 세월의 허망함을 감수하며 뒤돌아서야만 했다. 그 이튿날이었다. 조카와 며느리의 배려와 사랑으로 내가 사는 먼 이곳 실버타운까지 바래다주고 가는 뒷모습에 적이 미안함과 고마움을 허공에 보냈다.

제2부

때론 구름 위에 산다

    나는 이곳 산천에 이사 온 지 벌써 조금의 세월이 지났고 산 위에 살게 되니 주위의 자연에 가끔 신비에 젖기도 한다. 풍요로운 그저 초록색 대지 위에서 내 삶은 새로이 시작했다. 이 초록색이 내 가슴 속을 넓은 아량으로 아로새기는 행복으로 이끌기도 한다. 전에는 살아보지 못한 또 다른 청명한 하늘이 창가에 걸터앉아 있는 듯 가까워졌고 가끔은 시야에 들어오는 구름과 함께 신비스러움을 즐기기도 했다. 요즈음은 장마철의 몰려오는 잔뜩 찌푸린 먹구름 아래 장대비가 우람차게 퍼부어주기도 했다. 메마른 나와 대지를 적셔주는 듯 내 마음 한구석에 생동감의 시원함을 채워주기도 했다. 맑은 하늘 아래 찾아 드는 하얀 구름 무리가 산골짜기마다 머물러 메우고 조용히 내려와 한 가닥이 내 코앞에 스칠 때는 경이롭기도 했다.

    건너편 여름의 풍요한 숲으로 둘러싸인 평화로운 아랜 마을 아련히 뒤덮은 구름 무리를 나는 위에서 훤히 건너 내려다보며 한 켠의 마음속에 그냥 지나칠 수 없었다. 아름다운 한 폭의 시야에 펼쳐지는 구름에 푹 빠져 그림을 그리며 창가에 서서 조용히 맑고 밝은 마음이 되어 순간 즐겨 감상했다. 얼마 전 아침 눈을 뜨며 나는 매

한가지로 자연스레 창가에 섰다. 해가 서서히 떠오르는 햇살을 받으며 일어나고 있는 떠도는 하얀 뭉게구름 떼들의 아름다움에 말끔히 도취 되어 그리운 내 어머니와 하나하나 동기간들의 형상도 아련히 떠오르기도 했다.

그날따라 아침 맑은 하늘 아래 유난히도 구름 무리가 때 지어 이곳저곳 활보 산책하는 모습을 보았다. 잔잔한 앞의 호수 위에 한 가닥 구름이 일어나기 시작했다. 점점 산자락으로 올라가 어슬렁거리더니 다른 산허리로 천천히 옮겨가는 모습을 지켜보면서 온 정신을 아침 전경에 쏟아 붓기 시작했다. 구름 무리가 산자락 넘나들어 옮겨가며 진한 하얀색이 산골짜기마다 한 가닥씩 채워 남겨두고 두둥실 떠돌이가 되어 먼 아스라한 곳으로 사라져 가기도 했다. 산 위와 하늘 사이에 다리로 쌓여가는 구름 속에서 이스라엘 백성이 밤에는 불기둥으로 낮에는 구름 기둥으로 탈출하는 구약성경에서 읽은 탈출기의 내용을 묵상도 했다. 뒤 켠에 창문을 활짝 열어 제치였다. 아침의 싱그러운 내음이 한꺼번에 펴져 오는 것을 음미하기도 했다.

초록색 산 위에 광기 어린 하얀 붓으로 단번에 그려놓은 한 자락 뭉게구름이 두둥실 떠오르고 있었다. 그리고 온통 풍요한 산의 숲으로 둘러싸인 우뚝 솟은 성스러움의 하얀 구름과 겸비한 하얀 성당을 지켜보며 찬미가라도 부르고 싶은 충동을 느꼈다. 나는 엘리베이터나 복도의 창 넘어 볼 때마다 성 오경을 그으며 새로워지는 속마음을 스스로 읽을 수가 있고 윗분이 주는 평화스러움에 기뻤다. 아침에 해가 떠오르고 있다. 뜬구름은 햇살과 어울려 무지개 색동이 다분히 찬란한 아침을 만들고 있다. 나는 앞산 뒷산 온 대지 위의 구름도 끼어 동반한 풍요함의 결에 나의 보금자리를 찾아 둥지를 만들었다. 내 삶의 버팀목 나의 이랑 영역 자리에서 창조주 윗분을 우러러보며 그분의 지휘봉에 순응자가 되어 무한한 감사를 보내기도 한다.

제2부

쇼핑을 하고 나서

　이곳 첫날 밥상에서 알게 된 분들과 가까이 지내는 편에서 어느 날 시내로 쇼핑 가자고 입을 모았다. 그리고 쇼핑갔다. 우리는 실버타운에서 운영하는 쇼틀 버스를 타고 갔다. 나는 창밖의 가도 가도 풍요로운 초록색의 싱그러움을 가로지르며 벅찬 마음으로 예나 다름없이 즐기게 되었다. 이 귀한 창조주 자연의 풍요로움과 평화로움과 아름다운 내 나라 안에서 왜 간절한 물음으로 위에서 그렇게 시끄러운지 안타까운 마음을 그냥 무관심으로 지날 수가 없이 늘 속상했다.
　우리는 이것저것 필요한 물건을 사고 끝난 후 시간이 넉넉하게 남아있었다. 나는 물리치료 계획을 했는데 두 분을 놓아두고 간다는 말을 차마 못 하고 역시 배려인지 소심증인지 끝내 침묵했다. 적당히 쉴 곳이 없어 우리는 일단 밖으로 나왔다. 허름한 의자에 앉아 어린애들 같은 아이스와 한 조각 쑥떡 덩이를 출출한 시장의 맛을 음미하며 참 맛있게 먹었다. 자리를 뜰 무렵에 중학생 나이에 여자아이가 해맑게 웃으며 말을 걸어왔다. 누가 보아도 정신적인 장해로 보였다. 나는 가여운 눈으로 보고 잘 가라고 말을 하니 대답도 부잣

집 막둥이 같이 잘했다. 버스 시간이 아직 있어 정류소 가까운 곳으로 옮겨 다른 의자에 앉아 있는데 우리 뒤를 따라와 우리 곁에 앉게 되었다. 자꾸만 추근거리며 말을 했다.

　나는 손에 쥔 쓰레기를 버리고 오니 한 친구가 인정 어린 떡 덩이를 주었다. 해죽해죽 웃으며 떡을 먹으며 좋아 참 행복해 보였다. 나도 과자 한 봉투를 기꺼이 주었다. 나는 부모가 있느냐고 묻고 아버지만 있다고 했다. 더 축은 해 보였다. 과자는 아버지와 함께 먹으라고 했더니 아버지는 과자를 먹지 않는다고 하더니 이미 과자 봉투를 뜯어 먹고 있었다. 버스 시간이 되어 자리를 뜨며 불쌍하다는 여운의 마음을 뒤에 남겨두고 우리는 차를 탔다. 출발 즉시 느닷없이 그 아이는 버스에 올라탔다.

　나는 깜짝 놀라 나도 모르는 사이 "안돼" 하고 한마디 외침에 그 아이는 다행하게도 순수하게 내려 돌아갔다. 나는 그 아이의 장래가 걱정과 인간의 한계선을 느끼며 신앙인으로서 윗분께 부탁하고 나의 아픔을 잊기로 했다. 두 번째 정류소에서 멈춘 차에 기다렸던 동행한 사람들이 한 사람씩 천천히 올라타기 시작했다. 한 어르신이 올라왔다. 나는 내 곁에 앉으라고 했다. 그러나 뒤에 오는 어르신께 양보했다. 그 어르신은 허리가 굽은 연세가 많았다. 거기에다 무거운 짐을 손에 들고 버스 문턱에 힘없이 겨우 올라오는데 느닷없이 뒤로 넘어지고 있었다. 나는 물론 놀랐다. "아니요" 하고 소리쳤다. 다행히 할머니는 기둥을 붙잡고 버티는 순간 지나가던 사람이 보고 얼른 뒤를 붓 잡아 내가 달려들어 올려 내 곁자리에 앉게 했다. 걱정되어 들여다보니 온통 얼굴 주름살이 깊고 이도 거의 없고 차를 타고 다닐 정도 나이가 아닌 바짝 마른 얼굴이었다.

나는 놀라고 답답한 마음으로 그녀를 빤히 보았다. 지난번에 두 번이나 무거운 짐을 들어다 준 일이 있었던 그 할머니였다. 나는 노파심에서 어려운 일이 않느냐? 고 몇 마디 말을 했으나 자꾸만 동문서답을 하고 있었다. 귀도 아파 듣지 못하는구나 하고 나는 인지했다. 안타까워하며 대화는 포기했다. 옛날에는 병원비가 삼만이었는데 이젠 삼천 원을 해서 삼천 원을 지불하고 남은 돈으로 몽땅 떡을 샀다고 했다. 입맛이 없어서 밥 대신 떡으로 끼니를 이어간다고 한 말을 또 하고 전형적인 노인들의 여러 번 번복하는 말을 했다. 나는 소통이 되지 않아 자포자기 상태로 그저 이해가 되며 측은하기도 하고 나도 늙었고 머리는 여러 가지 복잡한 생각에 조금은 지쳐 있었다. 곁에서 부스럭거리더니 깊은 주름살에 인자한 웃음으로 떡 한 덩이를 내 가방에 넣어 주었다. 사양한다고 해서 소통도 안 되고 그냥 받았다. 목적지에 도착해서 그 떡 덩이 짐을 드려다 드렸다. 이날은 뜻하지 않은 "안 돼"하는 말로 지친 흔치 않은 체험과 무거운 마음으로 밤을 보냈다.

제2부

셋이서 기쁜 날

　어제 미리내 103인 성당을 셋이서 다녀왔다. 가까이 지내던 이웃 자매가 고해성사에 가고 싶다는 마음을 여러 번 듣고 그냥 귓전에 흘렸지만 나도 고해하고 싶어 순례길 나섰다. 우리는 약속대로 뒤 안 숲속의 오솔길을 선택해서 걸었다. 나는 처음부터 이 숲길에 반해서 수시로 드나들며 조용한 신앙인 마음의 여유를 넣고 윗분과 만남의 야생화와 함께 때때로 스며드는 자유스러운 독백을 나누기도 했다. 우거진 숲이 두렵지 않으세요? 고 묻는 그들과 나는 앞장서서 이곳 지리와 조금은 경사진 곳은 있으나 위험하지 않다고 안심을 시켰다. 오솔길을 벗어나 자주 걷는 넓은 시원한 축구장을 보이고 우리는 계속해서 걸었다. 우뚝 솟은 피정의 집, 숭고하고 엄숙한 십자가의 길, 역사가 깊은 예쁜 성당, 푸른 숲속에 노란 바지의 예수님 형상, 등등의 건물을 지나 양쪽의 갈림길이 나왔다.

　지난번에 전주에서 지인들이 왔을 때 성당에서 만나기로 약속을 했다. 그때 경운기를 타고 가는 어느 아저씨로부터 샛길을 알게 되었다. 다리가 성치 못한 그녀들에게 안심을 시키느라고 몇 번이나 짧은 샛길을 안다고 말을 강조했다. 드디어 도착했다. 고해소의 의자에 앉아 여느 때와 마찬가지로 두근거리는 가슴을 안고 나는 내 뒤 안을 자세히 돌아보기도 했다. 원하던 고해성사에서 찌꺼기를 훨훨 덜어 버리고 깨끗하고 가벼운 마음이 되어 성지의 미사에 은총의 시간도 갖게 되었다. 미사 후에 본당 신부님께서 성지의 김대건 신부님의 역사가 지닌 해설을 듣고 열두 시 반이 훌쩍 넘었다. 우리 늙은이는 밥심으로 사는데 실버타운에 가도 점심 식사 시간은 이미 지났고 버스는 두 시에 있고 외부 식당까지 걸어가자니 다리가 성치 못한 우리는 난감한 상태에서 길 따라 내려오는데 마침 우리를 앞질러 가는 자매님이 총총히 걸어가고 있었다. 빠른 걸음으로 점점 멀어져 갔다. 나는 순간 부탁을 할까? 하고 곁에서 걷는 자매님한테 물으니 동의하는 듯해서 나는 엉덩이 아픔도 잊고 거의 뛰어갔다. "자매님" 하고 불렀으나 듣지 못했다. 나는 가까이 가서 불렀더니 그제야 뒤돌아보는데 순하고 참한 인상이 좋은 젊은 자매님이었다.

나는 염치없이 용기를 내어 멀지 않은 곳에 식당이 있는데 차에 탈 수 있느냐고 물었다. 흔쾌히 허락해 주어 고맙고 안심하고 우리들의 처지를 말했다. 그런데 뒤를 돌아보니 두 자매님은 이제껏 보지 못한 온전히 플라스틱 천으로 뒤덮은 차와 이야기를 하고 일단은 그 차에 올라탔다. 나도 뒤돌아 와서 그 이상하고 재미있는 차에 일단 탔다. 그런데 그녀는 왜 그런지 끝까지 우리를 지켜보고 기다리고 있었다. 이 차는 실버타운 앞마당까지 그 이상은 되지 않아 다시 내려 결국은 그 참한 자매님의 신세를 지게 되었다. 우리는 차에서 내릴 때 식사 초대를 했는데 시간이 없어 우리들의 진정한 고마움을 뒤에 남겨두고 차는 떠났다. 윗분의 덕분에 우리는 정답게 머리를 맞대고 맛있는 새우탕을 떠주며 떠받으며 배고픔을 채우고 서로 정담을 나누기도 했다. 식사가 끝내고 집으로 돌아갈 택시를 주문해야만 했다. 언젠가 디스카운트하는 택시명함을 받았는데 내 지갑 속에 없어 실버타운에 지인에게 물었으나 없다고 했다.

  결국은 여사장에게 택시를 주문을 부탁했다. 친절을 겸 보았던 사장님은 남편을 진심의 상량한 목소리로 부르더니 모셔드리라고 했다. 주인의 아량으로 문제가 풀린 친절한 좋은 분위기에 진한 감사와 들뜬 마음으로 어린애 마음이 되어 마냥 기뻤다. 그리고 높은 분과 함께 즐겁고 재미가 있는 시간이었다. 우리는 뮤지컬 영화에 기대하며 서둘러 차를 탔다. 역시 친절한 남 사장님의 건강을 챙기라는 강조의 조언을 기꺼이 들었다. 평소에 거리에 독립운동가 안중근 의사의 바람에 나불거리는 플래카드를 볼 때마다 꼭 뵙고 싶은 유혹의 시선을 받았다. 드디어 오늘 실버타운 2층에서 뮤지컬 영화가 상영을 볼 수 있는 이번 기회를 놓치지 않으려고 다그치어 서둘렀다. 숨을 헐떡거리며 도착하니 막 상영이 시작되었다. 나는 의미를 음미하며 보았다. 역시 돌이킬 수 없는 아픔의 역사에 속상했다. 어떻든 오늘 윗분의 은혜로 간간이 쌓여 묶인 매듭을 풀어 뻥 뚫리는 가벼운 마음이 되었다. 그분이 내려주시는 평화를 신앙인으로서 기쁨을 누리게 되었고 그 은혜로 보내준 거리에서 만난 밝은 자매님과 상량한 목소리의 그녀 두 천사와 만남이 오랜만에 오붓한 셋이서 기쁨의 즐거운 날이 되었다. 하늘을 우러러 다분한 감사를 보냈다.

제2부

할머니의 스킨

오늘은 안성시에 병원의 물리치료를 받는 날이다. 아침부터 비가 창문에 흘러내리고 있다. 나는 버스를 타려고 내려갔다. 일상에는 대기하고 있는 시간인데 버스가 보이지 않는다. 왼 일인가? 하고 있는데 조금 후에 차가 왔는데 신부님께서 운전석에 앉고 되셨다. 나는 운전석 바로 뒤에 앉게 되었다. 역시 신부님께서 운전하였다. 차가 출발하자 신부님의 바로 주모경을 시작하여 우리도 따라 함께하고 강복을 주셨다. 비가 오니 미끄러져 넘어지지 않게 조심하라고 당부의 말씀도 하셨다. 역시 차원이 다른 따스함을 느꼈다. 곁에 앉게 된 연세 드신 할머니는 허리도 굽고 몸도 약하고 묻지도 않은 자기소개를 하며 99살이라고 했다.

이곳 실버타운에서는 새로운 일은 아니지만 나는 할머니를 빤히 들여다보며 이 나이에 맞지 않게 나들이 가다니 물론 조금 놀랐다. 병원을 가지 않을까 하고 혼자서 생각하며 어디 가느냐고 나는 물었다. 시장에 화장품 가게에 스킨을 사러 간다고 말씀하였다. 나는 이 나이 이 의외의 말씀에 어떻게 받아들일지 당분간 전전긍긍하며 속으로 비웃음이 아닌 웃음을 웃으며 세상의 변화에 대해서 배워

알아가면서 할머니의 스킨을 인정하기로 했다. 밖에는 여전히 비가 내리고 있다. 우산을 갖고 왔느냐고? 물었다. 필요 없다고 의지의 연세 드신 탓인지 당당하게 대답하셨다. 어떻게 해요? 하고 걱정했으나 막무가내기식이었다. 귀가 들리지 않아 소통도 되지 않아 나는 포기 상태에서 조용히 앉아 있었다.

그런데 갑자기 내가 듣든 말든 말을 하기 시작했다. 이곳 실버타운 음식에 대해서 맛이 없다고 등등의 불평 말을 이어가고 김을 사야겠다고 했다. 나는 느닷없이 포탄에 맞는 심정이 되었다. 앞에 계시는 신부님께 민망해서 몸 둘 바를 모르고 그만하라는 당황한 심정으로 입 손의 신호를 자꾸만 보냈다. 목적지에 도착했다. 그날 어떠한 상황이 바뀌어 항상 내리는 건너편에 내리게 되었다. 그래서 곧바로 가면 시장이 나온다. 할머니께서는 전에 가던 생각으로 건너가야만 한다고 허리를 펴고 두리번거리며 말했다. 나는 여러 번 설명 하니 그때야 수긍이 가는지 시장 쪽으로 향했다. 우산이 없다는 것 듣고 신부님께서 주신 우산을 폈다. 그 우산을 받쳐 주며 시장 입구에서 나는 화장품 가게를 물어 알고 있는 데로 향했다. 그런데 내가 알고 말씀을 드렸는데도 가다가 사람이 보이면 지팡이를 짚고 서서 묻고 또 묻고 답답했었다. 나는 인내를 발휘하며 내가 알고 있으니 더 물어보지 않아도 된다고 높은 언성으로 말씀을 드렸다. 그때 비로소 수긍한 것 같았다. 그리고 나보고 뒤돌아 가라고 하셨다.

그러나 이 비 내리는 속에서 들지도 못하는 우산을 넘겨주고 그냥 뒤돌아 갈 수가 없었다. 나는 오늘 빠져 갈 수 없는 언덕을 만났 구나 하고 속으로 웃으며 끝까지 보살펴주기로 했다. 화장품 가게에 도착했다. 무엇을 주문하는데 마스크 탓인지 잘 들리지 않아 주인 여자가 곁에 와서 귀 기울여 겨우 알아들었다. 명품이었다. 비싸다 고 하며 인터넷에서는 싼데 하고 말을 했다. 나는 알고 있는 할머니 의 그 식견에 다시 놀랬다. 어떻든 싼 것 비싼 것의 두 개를 샀다. 그 약한 몸에 무거울 것 같으니 내가 들여다 드린다고 했는데 가방 에서 꺼낸 것을 펴더니 그 속에 넣고 등에 걸머지게 했다. 고맙다고 카페값을 나에게 디밀었다.

 나는 조급한 마음으로 내 시계를 들여다보며 "내가 할머니보다 더 부자입니다." 하고 주인 여자와 눈을 마주치며 우리는 함께 웃었 다. 가게에서 서둘러 나와 김을 사러 가는 도중에 또 번복되는 할머 니의 물음에 나는 내 할 일을 생각하며 약간 짜증스럽기도 했다. 그 리고 포도의 가게에서 한 송이 덥석 쥐더니 나에게 주는 것을 가게 주인에게 미안하다고 얼른 돌아섰다. 김 가게에서 아주머니가 놀랄 정도로 많이도 샀다. 그제야 약국으로 데려달라고 했다. 나는 그제 야 한숨 돌리고 가는데 굽은 허리 지팡이에 천천히 걷는 모습에 내 마음만 동동 구르고 따라갔다. 목적지에 겨우 도착해서 안심시켜놓 고 서둘러 내일을 보러 갔으나 엘리베이터가 5층에 걸려 내려오지 않고 웅성거리는 사람들 속에 나는 급한 초조함에 기다리었다.

 한참 지나 엘리베이터가 내려 문이 열렸다. 눈앞에 높이 차곡차곡 쌓인 빈 박스가 보였다. 순간 동정심으로 바뀌어 고생에 찌든 옷차림의 할아버지를 보는 순간 달려들어 거들어 주고 싶은 마음 간절했다. 곁에 눈치를 보며 한결 한결 옮기는데 용기 없이 나는 안타까운 마음으로 서서 그저 지켜보고 있었다. 나는 한 가지 일만 끝내고 다른 나의 일은 다음으로 미루어야만 했다. 99세의 할머니가 스킨을 사러 버스를 타고 시장을 간다. 그리고 주름살이 깊은 할아버지의 산같이 높은 빈 박스를 이것이 "현실이구나" 하고 나는 그 할머니보다 할아버지의 찌든 고생을 보고 마음만 아팠다.

제2부

사고로 만난 분

　나는 어제 병원에서 손등에 씌워진 붕대를 드디어 사 주 만에 때어 자유의 손이 되었다. 아주 홀가분한 기분으로 뒤돌아보았다. 나는 나답게 더 큰 사고가 아니기에 불행 중 다행이라고 스스로 위로하며 병원의 통원 치료와 여러 가지로 불편함은 있었지만 평온한 마음으로 잘 극복해 냈다. 항상 징징거리지 않은 나를 칭찬해 주고 싶다는 이 원동력은 하얀 위 분으로부터 얻은 힘이라고 믿고 싶다. 나는 지나면 헛것인 것을 알면서도 시대의 조류에 따라 예 사람들과 같이 머리 염색을 지금까지 오랫동안 해왔다. 마음 한구석에는 늘 창조주가 지어 준 그대로 살고 싶었다. 어쩌다가 하얀 머리를 보면 존경심이 되고 나도 저렇게 살고 싶었다.
　몇 년 전부터 머리 염색을 그만하자는 단단한 계획을 여러 번 세웠으나 결국은 번번이 실패하고 말았다. 변명 같지마는 운전을 하다가 사고가 났을 경우 하얀 머리 늙은이가 하고 따가운 시선을 앞세우면서 열등의식의 두려움이 없지 않아 있었다. 나는 작년 오 월 달에 84세로 승용차 운전을 그만하게 되었다. 그리고 운전을 끝나는 날부터 머리염색도 끝내자는 약속도 지켜내지 못했다. 흰 머리가 조금 나오면 보기 흉해 다시 도로 무익이 되었고 작년 여름에 겨우 인내성을 가지고 하얀 머리가 나왔는데 초가을에 옛날 살던 비엔나에서 초대를 받아 젊고 예쁜 모습을 그리운 지인들에게 보이려고 또 약속을 저버렸다. 나는 올봄에 이곳 실버타운으로 이주했다. 시월 중반을 지나서 고등학교 동창들이 대관령에 반가운 만남의 소식이 왔다. 나는 그때 조용한 내가 아닌 우왕좌왕 고민을 하다가 그냥 미용실로 달려갔다. 집에 오니 주위에서 젊고 예쁘다는 말을 듣기도 했다. 그때가 마지막 물듦이 되었다. 따지고 보니 두 달 하고 반달의 노력이 이만저만 아니었던 끝에 반갑지도 않은 싫은 머리가 제법 자라 나왔다. 거울을 들여 볼 때마다 흉함에 자꾸만 눈의 유혹이 오고 그럴 때마다 단단한 각오와 취향에 맞지도 않은 이 흉한 머리에 뒤 엎어 씌울 모자 생각을 하게 되었다.

내 인생에서 한 번도 모자를 씌운 본 적이 없다. 여름철에 뙤약볕에 걸을 때도 모자 없이 가끔 친구 염려의 양산과 모자를 씌워주는 정성도 거절했다. 나는 기회가 있었는데도 간단히 모자 쓰는 것이 그냥 싫었다. 이젠 상황이 달라지었다. 거울을 들여다볼 때마다 빼곡히 나와 자라서 나열된 흰머리를 감추고 싶었고 염색의 유혹을 모자로 모면하자는 마음의 결정 했다. 그래서 나는 모자를 사려고 갔다. 시장에 들어가 이곳저곳 들여다보며 내 나름대로 그리는 모자가 어느 가게 밖에 놓여있는 것이 눈에 띠었다. 나는 서슴없이 그 가게 안으로 갔다. 가게 여사장님은 세련된 인상이 곱게 보였다. 그리고 적당히 마음에 드는 연녹색의 모자를 샀다. 가게에 어느 여자 분이 해 맑은 웃음에 끌려 얼굴 맛 싸지를 해준다기에 선 듯 따라 갔다. 거저 해준 것 잘 받고 나와 시장통 길을 걸어가는데 눈의 통증을 느끼며 "앗 차" 안경을 가게에 놓고 왔다. 되돌아가는 길바닥 조금의 높은 장해물에 왼발이 걸려 순간 느닷없이 절퍼덕 앞으로 완전히 넘어지고 말았다. 나는 당분간 얼굴과 손에 통증을 느꼈다.

겨우 일어나 앉아 정신이 몽롱했다. 얼굴과 손등의 피투성이 되었다. 주위 사람들이 달려와 몽땅한 휴지를 주어 피를 닦고 있었다. 주위 사람들이 몰려와 "앰뷸런스 불러 병원에 가야 해"하고 웅성거리었다. "아니요 부르지 마세요" 조금을 날카로운 소리로 말했다. 나는 그사이 사람들 앞에 부끄럽고 얼른 자리를 피하고 싶었다. 나는 일단 정신을 차리고 일어섰다. 그때 어느 참한 젊은 여자분이 다가와 겁이 난 얼굴로 빤히 들여다보며 어떠냐고 물었다. 나는 놓고 온 안경 이야기를 했고 가지러 간다고 말했다. 그녀는 나를 부축하며 일단은 병원부터 가야 한다고 염려의 다그치기도 했다.

나는 안경부터 가지러 가야 한다고 했다. 그 집을 찾을 수가 없어 난감했다. 피투성이 된 상태로 근방의 거의 똑같은 상가에 두리번두리번 그 집이 보이지 않는다. 정신을 바짝 차리고 그녀의 묻는 말에 옷집이 여성복의 고급품이라고 했다. 그녀는 그 가게를 알고 있는 듯 드디어 가게를 발견하고 가게 안으로 들어갔다. 가게 사장님이 물론 놀랐다. 나는 즉시 거울 앞에 섰다. "하느님" 하고 얼굴 전체의 피투성이를 보고 놀라고 조금 전까지 그냥 집으로 가야겠다는 마음은 온데간데없고 가게 주인 온정의 부축으로 가까운 병원으로 갔다. 먼저 얼굴과 오른쪽 새끼손가락 밑에 찢어진 곳에 사진을 찍었다. 다행히도 뼈는 이상이 없고 이마, 코밑 인중에 살점이 길에 씻겨 상처가 있고 입술도 상처가 있었다. 손은 6센티 정도 찢어진 상처를 바늘로 꿰미게 되었다.

세상에는 악의 존재도 많이 있지만 그래도 좋은 사람들이 많이 존재하는 것을 이번 기회에 나는 긍정적인 체험을 했다. 내 드러난 약함에 함께 몰려와 아픔을 감싸주는 듯해서 좋은 사람들의 마음을 읽을 수가 있었다. 나는 이날 두 분의 여자를 나의 천사라고 기꺼이 칭하고 싶다. 도와준 젊은 여자는 가게 사장님한테 나를 부탁의 위임하고 전화번호를 물었는데도 "잘 치료를 받으세요" 한 마디 남겨두고 이름도 번호도 주지 않고 그녀는 훌쩍 떠나 안타까운 아쉬움이 마음속에 머무르게 되었다. 가게 사장님은 급히 서둘러 인근 병원에 고맙게도 동행해 주었다. 염려하며 같이 아픔을 나누어 주는 그녀 동정의 눈길을 마주치는 순간 나는 내 인생에서 있을 수 없는 보호자 역할에 감동과 고마움을 가지게 되었다. 진찰이 오래 걸려 급히 가느라 귀중한 가게 문을 잠그진 못한 문을 중간에 차마 띠지 못하는 발걸음으로 잠그려고 가기도 했다. 장장 네 시간 사이 나를 보살펴 주는 끝까지 택시도 불러주어 무사히 집에 왔었다. 후에 조용히 생각해 보니 모자와 사고로부터 만난 두 분 그녀들의 마음 샘이 맑은 물을 쏟아 부어주는 듯해서 기꺼이 나의 고운 천사들이었다고 칭하고 싶다.

제3부

하얀 눈이 담아온 추억

제3부
하얀 눈이 담아온 추억

    창밖에 함박눈이 하얀 고운 춤을 추며 소리 없이 내리었다. 앞 뜨락의 나무들 위에 눈꽃이 피어가고 뒤 안에 숲에도 하얀 눈 꽃나라가 한 눈으로 전경을 지켜보니 가관이었다. 평화로운 앞 동래 지붕 위에도 눈이 수북이 쌓여가고 있다. 이 집안을 안온하게 둘러있는 웅장한 산의 숲을 올려다보고 정서적으로 지켜볼 때마다 안정감을 주는 산 밑에 맑은 호수에도 하얀 눈이 조용히 내려주고 있었다.
    이곳 내가 있는 주위에 둘러싸인 광경의 온 누리를 즐겨 지켜보며 오랜만에 조용한 그리운 한겨울의 지나쳐 온 고향에 향수에 젖는다. 이곳에 오기 전 나는 성지의 전주 치명자산을 마음에 모시고 새기며 봄, 여름, 가을, 겨울, 사계절을 열심히 기꺼이 다녔다.
    나는 늘 그곳을 잊을 수가 없다. 올해 성탄절에 그곳도 눈이 많이 왔다는 소식을 듣고 기쁘고 반가웠다. 온 누리가 하얀 백설 성탄을 맞이해서 즐거운 성탄절을 지내게 되었다고 했다. 몇 년 전에 치명자산에 눈이 많이 내려 쌓여 있었다. 눈 오는 어느 날 그곳에 가서 사제님들이 영원히 잠들어 계시는 곳에 먼저 매서운 추위를 뚫고 갔었다. 힘겹게 결국은 도착했다. 세상을 떠난 사제님들이 모아 계신 곳의 소박한 묏자리 모습이지만 풍성한 숲으로 푸근하게 둘러싸여 있다.

특이나 겨울에는 발자국 없는 하얀 눈 늦봄과 초여름에는 온갖 다양한 꽃들이 풍요로움으로 자랑하고 신의 의미로 보이는 십자가의 꽃도 함께 어우러져 있는 모습은 누군가의 힘으로 만든 자연은 정결하고 순수함이 참 아름다움에 푹 빠지기도 했다. 구름 한 점 없는 맑은 하늘 아래 눈부신 티 없는 하얀 눈이 소복이 쌓여 있다. 아래에서 천천히 위를 우러러보았다. 한 눈으로 한꺼번에 들어오는 시야에 하얀 눈으로 뒤덮은 동화에서나마 볼까 하는 장면이었다. 먼저 이 아름다움을 영상으로 담았다. 마음으로 이미 담았지마는 눈의 요기도 채우기 위해서 마음속 깊이 소망한 대로 아무도 지나간 발자국 흔적이 없어 나는 당분간 마음에 들어 흐뭇하고 감동을 자아내기도 했다.

언덕의 계단으로 만든 길로 발길을 한발 한발 서서히 나는 하얀 눈꽃의 옷 입은 윗분을 향하여서 걸어 오르기 시작했다. 주위는 한 점의 바람도 없이 아주 조용한 축복의 순간 온전히 나의 영역이었다. 잠시 머물러 섰었다. 그리고 하늘을 우러러 내 소망을 넌지시 웅얼웅얼 이야기를 윗분께 속삭였다. 나는 하얀 분 곁에서 정결한 마음으로 시 한 수를 엮었고 시집을 펴내면서 이 아름다운 영상과 시를 책 속에 소개하게 되었다. 나는 위에 미사 후 내려올 때마다 둘러 사제님들에게 영원한 안식을 위해 중얼거리기도 했다. 십여 년

간을 잊을 수 없는 신앙인으로서 풍성한 은총과 은혜의 체험기를 가지게 되었다.

나는 왜 그곳이 아닌 이곳으로 뒤에 두고 떠나왔는지 가끔은 스스로 물으며 자책감을 느끼며 우울하기도 했다. 그러나 언젠가 내 영혼의 흔적에 돌아간다는 희망은 누구도 앗아 갈 수 없는 내 마음의 한 켠에 늘 머무르고 있다. 거기에 스스로 위안을 받고 있다.

끝으로 한 편의 시를 바친다.

위 사랑님께 - 라정인-

하얗게 쌓인
언덕의 눈길

윗분을 향하여
윗분과 함께

네 발자국 남기며
하얀 눈길
한없이 걸어가고 싶다

도란도란 이야기
끄집어내어
정결한 마음 풀어내고 싶다

하얗게 쌓인
하얀 눈꽃과 같이

제3부

오늘 하루 일과

나는 새 아침 6시에 은은히 울려 퍼져오는 종소리에 삼종기도부터 시작해서 곧바로 아침기도, 주모송, 사제를 위한 기도 외에는 일어서 걸으면서 구일기도를 시작했다. 묵주 들고 발코니에 나서면 밖에는 아직도 어두움이 깔려있다. 조용한 대지 위에 가로등 불빛만이 곳곳에서 제 할 일의 빛이 발산하고 있다.

산골짜기 건너편에 도시의 불빛이 이글거리고 있었다. 맑은 하늘에는 새벽 별님이 온 대지에 드러내는 영롱한 빛을 쏟아부어 주고 있다. 오늘은 고통의 신비를 바쳤다. 나는 그리고 묵주기도 오 단을 바치면 한 시간이 소요되었다. 기도가 끝나면 어두움에서 동트는 밝은 새벽빛이 어여쁜 옅은 황갈색이 서서히 떠오르며 새벽을 깨우고 있다. 나는 구일기도를 칠년 차 하고 있다. 칠 년 차 한다고 쓰니 윗분 앞에서 잘 아는 나 자신의 부족함을 생각하며 부끄러움에 작은 자가 되었다.

그럼에도 불구하고 내 마음을 잡아 이끌어 주십사하고 앞으로도 계속하자고 다짐했다. 나는 칠 년 전에 하늘나라로 가신 각별한 지인이 있었다. 우리는 지인들과 모여 피정을 하려고 프로그램과 날

자를 정해놓고 만남의 기쁨을 기다리고 있었는데 어느 날 전화가 왔다. 우리와 함께 못한다는 결과에 검진 결과에 암 진단을 받았다 했다. 나는 전화통을 놓고 "이게 왠일인가?" 한동안 정신을 차리지 못하고 당분간 쇼크에서 헤어 나오지 못했다. 내가 무엇을 해야 "할까?" 하고 걱정 끝에 내가 좋아하는 이 지인을 위해서 기도하자 하고 구일기도 책을 바로 구매구입을 했다.

그리고 전적으로 기도에 몰입했다. 그러나 그분은 나의 기도의 바램과 보람도 없이 삼 년 만에 사랑하는 가족과 우리를 뒤에 두고 결국은 하늘나라의 별이 되고 말았다. 그 후에도 별을 위해 기도를 했다. 어느 정도 세월이 지나고 어디엔가를 위해서 바치고 싶었는데 때마침 전주 성지가 하느님의 사업이 본격적으로 시작을 했었다. 그리고 나는 지금도 끊임없이 그 성스러운 곳과 시끄러운 나라를 위해서 바치고 있다. 파란 구일기도 책은 칠 년이란 세월이 색이 변하고 너덜너덜한 곳에 스티커로 붙여서 쓰고 있다.

오늘은 특별한 날이었다. 본당 김종남 요셉 신부님의 서품을 받은 날이었다. 미사에 함께 참여한 귀한 종들의 보기에 참 듬직해 보였다. 축하식을 하였다. 물론 뒤따르는 선물, 꽃다발, 케익, 뜨거운 우리들의 박수도 있었다. 그동안에 우리 성가대가 열심히 연습한 결과 우리는 입을 모아 축하의 노래 불어 드렸다. "보리밭 사잇길로 걸어가면" 부드럽고 살랑거리는 봄바람에 살랑거리는 여운을 남긴 시적인 가사였다. 후에 점심 식사에 갔다. 어느 분의 "구순을 축하드립니다" 하는 축하의 떡을 받았다. 백세시대, 백이십대가 그 자체의 의식이 심각하게 생각되는 것은 "왠지 일까"하고 미궁으로 빠져들며 내 앞날이 긴 여행이 될 가보아 은근하게 걱정이 되기도 했다. 오후에는 주위의 자연 속에 맴돌며 산책을 하고 싶었다.

　아직도 겨울 추위에 다음 따스한 날로 미루었다. 밀린 빨래를 했다. 발코니에서 빨래대에 널면서 밀린 팬티를 세어보았다. 수 물 다섯 개의 이십오일 만에 세탁기 사용을 했다. 저녁 식사 시간이었다.

　식당에 내려가 예나 다름없이 줄을 나란히 서서 인사 나누며 차례대로 밥그릇을 선택해서 밥을 퍼서 정해진 밥상에서 밥을 먹었다. 이웃과 이야기며 정감을 나누기도 했다. 저녁에는 오늘 하루를 뒤돌아보며 저녁기도에 오늘도 지켜주신 앞마당의 하얀 분께 감사의 끝마침으로 따스한 침대에 잠을 청했다.

제3부
겨울의 옛 풍경

    아침에 눈을 뜨니 밖에 하얀 눈으로 뒤 덥혀 온 누리가 겨울철 헐벗은 대지 위에 눈으로 채워져 있었다. 나는 티 없이 맑은 눈을 참 좋아한다. 그날은 상쾌한 마음으로 기분이 좋았다. 뛰어나가 눈 속에 파묻혀 어린 시절의 환상으로만 머무는 장난기가 발동하기도 했다. 이젠 많은 세월이 겹겹이 싸여 늙은이가 되어 이미 다시 갈 수 없는 내 하얀 눈의 고향은 먼 동래가 되고 말았다.
    가끔은 함께 자란 동구 밖에서 눈 싸움질하며 깔깔거리던 깨 벽장구 동무와 거리의 여건상 오랫동안 볼 수조차 없는 때로는 우울 젖기도 한다. 이젠 전화 통화에서 그저 웃고 우는 어린 시절의 추억담을 이야기 나눌 수뿐이 없다. 어쩌면 영원히 볼 수 없는 이 동무와 하늘의 별이 되어 만날까 하고 슬픔에서 인간의 운명이라고 체념으로 돌려 마음의 위로를 스스로 가꾸어 가고 있다. 이젠 추억 속에서 살아야만 하다니 우울하고 이 순간만큼은 한 줌의 눈물을 훔치고 있다.
    어릴 때 그 당시에 날씨도 잔혹하게 추울 때 아침에 샘물에서 세수하고 방문 고리를 대면 손가락이 얼어 달라붙어 놀래기도 했다.

옆집 가난한 오빠는 늘 코를 닦은 옷소매가 번들거리기도 했다. 나의 고향에는 눈이 많이 왔었다. 집안 뒤뜰에 넓은 푸른 대나무밭에도 하얀 눈꽃이 소담스럽게 피어있었다. 내 어머니의 높고 낮은 장독대마다 티 없이 많은 눈이 아침에 눈을 뜨면 복스럽게 소복이 쌓여있었다. 검불 지붕 위에 쌓여 진 눈이 한나절 해가 중천에 있는 햇살에 녹아가는 지붕 끝에 매달리어 나열된 고드름을 따서 시린 손으로 내 피붙이 언니들, 오빠, 동생들과 모여 오순도순 시린 입술을 내밀며 웃음꽃을 피우기도 했다. 우리들의 재미를 즐기며 아삭아삭 깨물던 그 시절이 가끔은 몹시도 그 겨울의 시린 자리에 가고 싶은 그리움이 한꺼번에 몰려와 사무쳐 오기도 했다.

앞마당에는 눈이 쌓이고 쌓여서 마당에서 한쪽에 손 시린 머슴이 쓸어 모으면 산더미가 되기도 했다. 눈 내리는 앞마당에 멍멍이 바둑이는 활개 치며 뛰어놀고 이른 새벽 도둑고양이로 칭하는 야옹이 고양이의 눈의 첫 발자국의 하루가 시작되었다. 가을의 소득의 고구마는 겨울을 위해서 보관했다. 찐 물고구마와 시래기 달린 무 동 김치가 일미이었다. 장독대 곁에 파묻은 꽁꽁 얼어붙은 어름을 파헤치고 끄집어 내에 고구마도 양품 그릇에 담아 가족이 뼁 둘러앉아 "음음"하고 밤참을 냠냠하고 맛있게 먹던 그 인정이 넘치는 우리 가족의 모습을 이 순간 훤히 내려다보며 다시 그 자리에 되돌아갈 수 없는 상상의 나래를 폈다. 특히 우리 울 엄마와 나란히 태어난 셋의 언니들과 무슨 이야기들이 그리도 많은지 희미한 초롱불 가운데 켜 놓고 밤이 새도록 주고받는 수다였을까 했다. 나는 아직 어려서 성숙하지 못해 말없이 듣다가 조금은 샘을 내며 징얼거리다가 잠이 들어버리곤 했다.

그 당시에 다른 도시로 다니는 삼촌과 고아가 된 친척의 아이들과 함께 우리 모두 8명 학생이 학교에 다니었다. 학교는 읍내 4Km였다. 이른 새벽부터 울 엄마의 손길이 모자랄 정도 많이 바빠했다. 이 자식 저 자식 챙겨주는데 나에게는 솜으로 손수 만든 어깨까지 덮는 검 정색의 광목으로 된 모자를 씌워 주었다. 내 밑에 남동생은 까다로워서 징징거리며 아침잠을 깨면 울고 쇠고 기 국과 콩밥에 냄새난다고 울고 아침마다 나와 전쟁에서 울고 우리는 울보 때 쟁이라고 별명을 지어주었다.

눈이 와 쌓인 날에는 학교길에 장애가 되니 어른들은 걱정을 미리 했다. 울 엄마는 머슴을 데리고 앞장서서 길을 내주면 큰언니로부터 동생까지 7명이 치운 자국으로 한 줄로 나란히 걸어 신작로까지 데려다주고 "잘들 다녀와 사고 치지 말고" 그리고 손을 흔들어 주셨다. 하얀 눈의 나라 산등선이 길에서 함께 나란히 나란히 걷는 우리들의 모습이 얼마나 아름다운 진풍경이었을까 그 모습을 훤히 내려다보며 나는 당분간 그리움에 젖는다. 울 엄마는 책을 읽으시는 신식의 여장부 역할 했고 겨울의 옛 풍경에서 지울 수 없는 한 여인의 자상의 울 엄마였다.

제3부

아쉬운 초심

    지난 어느 날 시내에 할 일이 있어 쇼틀 버스를 타고 가는데 우연히 평소에 존경하는 고향 분과 동석하는 자리가 되었다. 이런저런 이야기를 나누다가 나에게 혹시 옛날 신심보다 지금의 신심이 더 깊은지 비교하면서 물어왔다. 나는 거침없이 예전에 내가 아니라고 대답했다.

    나는 과거 한때는 하느님의 말씀을 중심의 바탕으로 꾸준히 성경을 읽고 기도하고 어떠한 어려운 오해와 오산이 있었어도 내 마음 속에 영접한 그분 앞에 그저 침묵으로 일관하고 극복해 왔고 어떠한 사건이 있어 인간적인 포기가 아니라 말씀 안에서 포기해 돌라고 기도했다고 나의 과거의 한 토막의 체험 이야기했다. 그리고 나의 기도의 제목은 절제를 우선순위로 했다. 지금도 가끔은 아쉬운 초심으로 돌아가고 싶을 때가 때때로 있다고 말을 했다. 마음 같아서는 정말 그렇게 하고 싶다고 했다. 나락은 익을수록 고개가 숙여 가을 추수로서 결국은 인간에게 영양분을 공급하는데 나는 갈수록 고개를 뻣뻣이 세우는지 나 스스로 묻고 그렇다고 인정하기도 한다.

    어려운 문제를 안고 있을 때 마음만큼은 초심으로 돌아가 주님 앞에 순응자가 되고 싶었다. 그날 집에 와서 조용한 시간에 묵상하며 과거의 옛날을 더듬어 나를 뒤돌아보는 계기가 되었다. 나는 어느 개신교 자매로부터 인도를 받아 귀한 그분을 영접했을 때 육과 영이 한 일치되어 무아지경의 뜨거움에 불태우며 눈물 콧물을 내뱉으며 나는 전에도 후에도 없었던 "나는 죄인입니다" 하고 곁 사람들을 부끄럼 없이 큰소리를 연이어 부르짖으며 권능의 첫사랑 앞에 무릎을 꿇고 말았다. 결국은 회개와 회심하고 그 윗분을 영접하게 되었다. 새벽기도에 열심히 참석했다. 대체 적으로 개신교 신자들은 뜨거운 편이었다. 교인들은 심령의 통성기도를 큰소리로 외치기도 했다.

나는 무감각하고 시끄러워 나의 기도에 방해가 되기도 했다. 어느 날 동행하는 자매님이 윗분께서 분명히 주시는데 내가 안 받는다고 조언을 받기도 했다. 되지 않는 것을 강요하지 말라고 나는 웃음으로 넘겼다. 얼마 후에 교회가 풍파가 일어났다. 우리가 기도를 많이 열심히 했어도 위(목사)에서 인간적인 생각에서 벗어나지 못하니 더욱더 문제만 안고 고민에 빠져있었다. 그즈음에 교회법 정관의 투표로 결정을 하기로 했다. 나는 교인들의 명단을 가지고 말씀 위에서 선택해 돌라고 한 명 한 명 이름을 놓고 혼자서 마음속 깊숙이 들어가 기도하기 시작했다. 내 이름이 나왔다. 기도하는 중에 방언(이상한 말)이 터졌다. 나는 어떠한 신비로움에 젖어 나를 위해서 삼십 분간 동안 물론 방언으로 기도했었다. 그리고 가슴이 펑 터지는 기쁨이 있었다.

  그리고 말로 기도는 몇 마디에 끝나는데 성령 기도는 오랫동안 간절히 깊숙이 들어가 할 수 있어 좋았다. 나는 종일토록 이름 명단을 붙잡고 기도했었다. 이후 가끔 모임에서 통성기도 할 때는 얌전하게 할 수 있게 그분께 절제케 해주십사 라고 기도하면서 조용히 중얼중얼 말했다. 이후 어느 계기로 한인공동체로 옮기게 되었다. 한인공동체에 한 달에 한 번씩 성령 기도회가 있었다. 노신부님의 충만한 심신의 마중물이 되어 활발하게 활성화가 되는 가운데 통성 기도를 마음 놓고 울부짖고 그래도 나는 역시 절제를 주십사 하며 조용히 중얼거리는 내 몫의 달란트가 아닌가 생각도 했다. 성령 기도 후 충만한 은총으로 서로 환한 벅찬 기쁨을 나누고 절대자에게 뜨거운 감사를 했다. 돌이켜 생각해 보면 공동체의 성령 기도회에 참여한 그 신자들이 봉사도 헌신적인 기쁨으로 열심히 했었다.

  그 후 다른 환경으로 성령 기도회가 애석하게도 무산되었다. 그리고 나는 공동체 안에서 중책을 맡게 되었고 불행하게도 서서히 풍파가 오기 시작했다. 그 시련을 십여 년을 넘게 되었다. 때론 인간적인 생각으로 고난이었다. 기득권들이 마음에 들지 않는다고 문제를 일으키는데 나는 그때 당시에 사람들이 아닌 사탄들의 놀이로 빠져있는 상태로 생각하고 그저 기도와 침묵만이 나의 방패이었다. 그때 당시에 기도만이 절실했었다. 나는 몇 마디의 말로 끝나지 않는 성령(방언)님의 기도로서 했었다. 이 기도의 힘으로 나는 끝까지 언쟁 없이 버텨나갔다고 확신할 수가 있다.

지금 나는 많은 세월을 보냈고 노인으로서 실버타운에 살고 일반적으로 평범한 생활 속에서 어떻게 보면 신앙인으로서 가톨릭의 기본적인 교리기도를 하고 있다. 가끔은 초심의 기도 생활을 아쉬움에 젖기도 한다. 다만 미사 후 사랑의 영성체를 모시고 자리에 앉아 성가와 조용히 은은히 들려오는 오르간 소리를 들으며 짧은 시간이지만 그분과 깊숙이 만나는 시간이 되었다. 절실히 "도와주십시오" 하고 조용히 중얼 중얼거리는 기도를 한다.

제3부

은빛의 멜로디

　나는 이곳 입소 후 성가대에 같이 하자 제안을 받고 옛날 비엔나에서 재미있게 활동하던 때가 상기 되었다. 그리고 나로서는 유행가보다 성가와 가곡에 매혹적인 것은 사실이었다. 물론 나이의 감 안해서 나로서는 뜻밖이었고 동참한다고 간단히 대답할 수는 없었다. 고민 중에 결국은 하기로 했고 내 나이가 실버타운이라 실행에 가능했고 그 가능성이 있어 활용하며 활동한다는 의미는 삶의 조금이나마 보탬과 보람이 "될 것이다" 하고 결정을 했다. 자랑스럽기도 했다. 첫날 처음 시작이었다. 숫자도 적은 단출했고 거의 연세가 드신 분들이었다. 가르치는 반주 선생님도 연세가 드셨는데 피아노도 노래도 아주 정열적이고 연세에 비교해 훌륭히 잘 가르쳐 주어 때론 나는 감동하기도 했다.
　나는 일단은 현장 속에 들어 목소리도 변했고 새로 시작인지 긴장도 했고 그러나 고운 피아노 소리를 들으면 좋은 기분이 솟구치기도 했다. 나는 계속 연습을 했다. 따라가기가 힘들었다. 생소 모르는 노래는 더 어려워 속마음은 이 자리는 아닌데 하고 부끄럽기도 했다. 연습하다 나의 잘못을 지적하면 쥐구멍이 어디냐 하고 하였지마는 그 당황은 당분간이었다. 돌아서면 잊었다. 나는 이 성가대에 함께 할 수 있는 동참자로서 갈수록 마음에 들어 흐뭇한 마음으로 열심히 하겠노라고 다짐도 했다.

나는 무엇보다 노래의 가사가 내 마음을 후비고 가슴 속에 파고 머무르고 옛 아름다운 추억을 담아오는 시적인 문구들이 옛 시절이 되살아나 내 눈앞에 아롱거리기도 했다. 사월의 노래, 어머니의 마음, 푸른 시냇가, 보리밭, 고향의 봄, 십자가 주님 따라, 소나무(Tannenbaum), 등등의 시적인 제목의 의미를 즐기고 있다. "사월의 노래" 속에 고등학교 그 시절에 음악 선생님의 채 벌을 받으며 입 모아 배우고 즐겨 부르던 노래였다. "어머니의 마음" 진자리 마른자리 갈아 뉘시며 키우신 누구나 평범하게 가지고 있는 그리운 어머니의 노래였다. "보리밭은" 보리밭 사잇길로 걸어가면 시골 처녀로 바구니를 들고 봄나물 캐러 다니던 동무들과 보리밭 사잇길에서 한 알이라고 더 캐려고 번뜩이는 눈길에서 때론 추운 봄바람이 몰아오기도 했다.

이 아련한 울림이 있는 부드러운 노래는 본당 신부님 서품받은 축일에 불렀다. "오빠 생각" 나는 내 오빠의 가혹한 생을 상기키는 노래에는 울컥하는 아린 맘을 지니고 살아가야만 했다. "푸르른 시냇가의" 한때 하얀 순한 양 떼들이 모여 풀을 뜯는 넓은 푸르른 초원을 그리며 아침에는 양젖을 짜고 저녁에는 밤하늘 별들과 이야기 나누며 살고 싶었었다. 그러나 그저 꿈만으로 지나쳐 갔다. "고향의 봄" 시골 내 집 뒤 안 뜨락에 앵두꽃 살구 꽃 다양한 꽃들이 가꾸어져 있고 봄에 자란 대나무밭 속에 우리 핏줄들은 세레나데를 입을 모아 부르던 때가 그립고 몹시도 그 자리가 가고 싶다. "십자가 주님 따라" 이재웅 신부님의 25주년 은경축 축하식 때에 부른 노래였다. 십자가 주님을 따라 오롯이 삶을 바쳐 부르심을 따라 사제의 길 25년 우리와 차원이 또 다른 세상에서 사제의 길 인류를 위한 고뇌의 숭고한 바른길을 선택한 주님 사랑과 축복이 영원히 있으랴 기도합니다. "소나무(O'Tannenbaum)" 이 노래는 군목으로 가시기 전에 이 실버타운에 오신 두 신부님의 영명축일 불렀다. 직원들의 예쁘게 차려놓은 축하파티에 직원들과 적당히 많은 실버타운 식구들이 둘러서서 진심으로 축가도 부르고 두 분의 신부님들이 행복해 보이는 만면에 흐뭇한 웃음꽃에 우리도 퍽 기뻤다.

  어쩌면 이런 축복의 자리가 신자의 양들과 함께 사제로서 가장 행복한 순간의 모습이 아닌가 하고 생각을 해보았다. 이 노래가 원래는 독일 민요로서 불렀는데 시대가 흐르면서 오늘날 크리스마스 캐롤로 전해 있다고 한다. 노래를 배우는 시간이 한계가 있어 부족한 면을 우리 엘토는 따로 모임을 만들어 연습해야 했다. 소나무야를 거듭 연습을 하다가 각자 불러보기로 했다. 나는 기꺼이 하고 싶지 않았다. 혼자서 하면 분명히 오갈이 들어 실수한다는 것을 나는 잘 알고 있었다. 하지만 이상 버틸 수가 없었다. 내 차례가 되었다. 시작하고 부르다가 결국은 여지없이 삼천포로 올라가는 바람에 우리는 약속이나 한 것 같이 한꺼번에 웃음이 빵 터지고 말았다. 한참이나 웃다가 나는 부끄럽고 염치가 없었다.

그러나 빨리 대처를 세웠다. 나는 내 바보 형태 때문에 웃음 값을 내라고 오히려 내 손바닥을 내밀었다. 그리고 웃고 또 웃고 눈을 마주치며 많이도 웃었다. 후에 재미있는 추억거리가 되겠다고 한밤중에 웃었다고 카톡이 왔고 나는 여전히 웃은 댓 가를 세분이 벌린 내 손에 채워야 합니다. ㅋㅋㅋ 유머를 보냈다. 내 삶의 내리막길에서 끝마무리 이랑에서 노래가 다시 시작되니 은빛의 멜로디가 당분간 내 생에 훈풍의 격려가 되기도 한다.

제3부
가을이 담아온 풍요로움

　이곳에도 가을이 왔다. 가을 하늘은 높고 푸르른 기분 좋은 온도에 산책길에 가끔은 어딘가에서 불어오는 바람은 잠시 내 볼에 머물며 소곤거리기도 했다. 만물이 익어가는 풍요로운 가을이 왔다. 길가 텃논에도 벼가 익어가며 겸손이 고개를 숙여가고 있다. 오월달에 숲속에 단아한 밤꽃이 어느새 열매를 맺어 밤알이 땅바닥에 널브러져 있다. 집 주위 사방팔방으로 가을이 가져다주는 고운 물듦의 낙엽으로 물들어가고 있다.
　뒤 안에 숲길이 있다. 가을바람이 부르는 소리에 나는 즐기며 이 오솔길을 기꺼이 걷는다. 온갖 자연 속에서 자란 나무들과 이름 모를 야생화 꽃과 다양한 풀들 만남의 인사를 나누며 마음으로 담아 왔다. 어느 날 윗분을 만난다는 순수와 정결한 마음이 되어 때로는 발길을 재촉하기도 했다. 숲길을 지나면 영 육 간에 귀하고 다양한 담아주어 올 것을 한껏 기다리고 있다.
　먼저 윗분을 모신 성전과 주변을 한 바퀴 맴돌며 든든한 영을 심장에 모시고 왔다. 뒤돌아 오는 길에 우뚝 솟아 계시는 귀한 고상 앞에 우러러보며 주모 송을 하기도 했다. 그리고 십자가의 길을 돌며 중얼거리고 특히 내가 좋아하는 오 처와 십 사처를 열심히 매달리기도 했다. 육으로는 꽉 찬 풍성한 가을바람이 나를 부르고 있다. 신발 끈을 동여매고 등 가방을 메고 유혹의 알밤을 주우러 갔다. 축구장을 지나 눈여겨 놓은 밤나무 밑에는 선수 인이 주 어 갔는지 밤껍질만 나뒹굴고 있었다. 약간의 실망과 나는 계속 올라갔다. 중간쯤 밤나무가 있다. 널브러져 있는 밤을 보고 한 알 한 알 주어 모으고 가방에 주어 넣는 재미가 솔솔 했다. 나는 계속 올라가 겟세마네 동산까지 올라갔다.

나는 먼저 아래 귀한 분과 위에 숭고한 하얀 분께 두 손을 모으고 순응자가 되어 주십사 하고 한참을 매달리었다. 그리고 나는 밤나무 밑으로 갔다. 눈을 번뜩이며 여기저기 떨어져 있는 알밤을 줍기 시작했다. 재미에 혼자서 웃기도 했다. 그리고 도토리도 주어 모았다. 어느 날 숲길을 가는데 내 앞에 촘촘히 달린 싱싱한 한 묶음의 도토리를 보고 얼른 주었다. 벽에 걸어 놓고 주어 온 밤과 도토리를 예쁜 종자기에 섞어 담아 지나간 그 가을을 가끔은 건너다보며 추억에 젖기도 했다.

그리고 누군가가 숲길 들어가는 출입구에 종자기를 놓았다. 들여다보니 도토리가 몇 개 있었다. 나도 오가며 주어 온 도토리를 넣어주었다. 묵을 만들어 먹었는지 의미도 없는 생각도 해보았다. 이후에도 서너 번 가서 알밤을 담아왔다. 먹는 것보다 주어 모은 풍성함이 더 재미가 있었다. 이웃과 나눔도 자랑스러웠다. 나는 잔디를 좋아한다. 잔디로 깔아 놓은 축구장이 보이는 순간 마음에 들고 감동을 했었다.

　가을 햇살이 가득 차고 바람이 불어 나뭇잎들은 살랑거리고 있는 모습을 지켜보며 이 축구장을 돌고 또 돌아 자유분방한 내가 되어 어디에도 계시는 하얀 윗분께 내 영혼을 맑은 물로 씻기도 했다. 정오가 되어 삼종기도 종소리에 나는 조용한 산자락에서 발을 멈추었다. 은은히 산울림의 메아리를 타고 울려 퍼져가는 하늘을 매우 져가는 신비에 나는 귀 기울이게 되었다. 그리고 나는 손을 모으고 눈을 감았다.

　어느 날 이곳 자매들과 함께 모임이 있었다. 이런저런 이야기를 하다가 어느 자매가 뜬금없이 예수님의 노랑 바지를 보았느냐고 물었다. 그리고 사진을 보여주는데 어느 곳에서도 볼 수 없는 진짜 노랑 바지를 입은 예수님이셨다. 놀라고 감동했지만 나는 건성으로 보아온 내 모습이 탄로가 나타나 그녀 앞에 부끄럽기도 했다. 그 이튿날 확인을 했고 노랑 바지 굳건한 예수님을 우러러보며 동행자와 함께 묵상과 주모 송을 바치고 내생에 버팀목의 여무진 영을 담아왔다.

제3부
뒤를 돌아본 나의 삶 1

 얼마 전에 비엔나에서 사는 각별한 지인으로부터 전화가 왔다. 구정 설도 다가오고 옛날 고향의 차례를 기억하며 떡을 비비고 싶어 어떻게 하는지 물어왔다. 물론 노란 콩떡 레시피를 주었다. 그리고 우리는 옛날 기숙사 생활의 한 움큼의 추억을 끄집어내어 이야기를 나누었다. 나는 비엔나에서 곧잘 떡을 해서 먹었다. 우리가 기숙사 생활을 할 때 어느 자매가 채소 씻는 양재기를 샀다. 내가 보니 바닥에 구멍이 일괄적으로 떨려 떡을 하기에 안성맞춤이라고 선물을 받았다. 나에게 빨간 냄비가 있는데 다행히도 꼭 맞았다.
 그리고 중국상회 가게에서 떡가루를 준비하고 솥에 밀가루 시루편을 부치고 찌었는데 익은 첫 떡에 감동했다. 우리는 한 가족이 되어 옹기종기 모여 박수와 외국에서 향수에 젖은 첫 떡을 맛있게 먹었던 그 자리가 눈에 선하다. 나는 그것이 어떠한 계기가 되어 공동체의 잔치가 있는 날에는 빠지지 않고 여지의 틈도 없이 떡을 해가면 신자들이 맛있게 먹는 모습을 물끄러미 바라보며 나는 만면에 웃음꽃을 피우며 흐뭇하고 행복했다. 그리고 떡과 김치는 내가 기꺼이 책임 짚게 되었다. 떡과 김치가 맛있다는 입소문에 광고가 되었다. 우연한 일인지 주위에서 떡과 김치를 담아 주십사 주문이 들어와 받았다.

나는 정년퇴직 후 시간의 여유도 있고 주문되는 데로 마다하지 않고 심심치 않게 잘 착수했다. 그 외에 청국장도 주문을 받았다. 김치를 주문을 받으면 겨울이면 추운 아침 새벽 어두움을 헤치며 차가 달리어 주었다. 앞에 보륨을 틀면 스테판스 대성당의 라디오에서 흘러나오는 상쾌한 클래식 음악을 심취되어 같이 흥얼거리다 보면 벌써 도시 밖에 있는 도매시장에 도착 되었다. 상점이 늘어져 있고 나는 단골 가게가 있었다. 한번은 가계 외국인 종업원인데 "어디서 왔어요?" 하고 나에게 물어왔다. 물론 한국에서 왔다고 대답했다.

그가 재미있는 말을 했다. 한국이 잘 사는 나라인데 "여기서 왜 고생을 합니까?" 말했다. 나는 뜻밖의 듣는 소리였다. 그 말을 듣고 고국이 잘 산다고 하는 것을 한 번도 상상해 본 일도 없었는데 그 사람이 일깨워주고 정말인가 하고 마음 뿌듯하고 흐뭇했었다. 나는 그 말과 그 새벽의 장소를 지금도 잊지 않고 있다. 나는 배추와 양념거리를 사서 싫고 좋은 기분과 가벼운 마음으로 왔다. 오전에 간을 해놓고 후에 서너 번 뒤적거리고 양념을 만들어 놓고 오후 4시 정도에서 담았다. 그리고 연락하고 내가 택배원이 되어 차로 실어다 주고 일한 대가를 받고 내 마음 솔솔 했다. 나는 이러한 일을 기꺼이 계속했다. 어느 날 주문받은 김치를 가지고 어느 앞차의 뒤를 따라가는데 똑바로 가는 길이 아니라 그 차는 옆 오른쪽으로 돌리어 가려는데 내 잘못으로 뒤에서 앗 차 하는 순간 앞차를 들여 받았다. 내가 가해자로서 서류를 서로 주고받으며 나의 보험처리로 일단락 매듭을 지었다. 며칠 후 법원에서 소환장이 왔다.

역시 피해자가 고소했다. 이상하다고 생각했다. 차 주인은 외국인에 대한 배타성을 갖은 노인네라고 짐작만 했다. 소환장을 들고 법원에 갔다. 그리고 판사 앞에 섰었다. 재판을 받았다. 묻는 말에 대답했다. 나는 무엇보다 면허증을 회수할까 보아 속으로는 몹시 걱정되었다. 나는 곧장 물었다. 혹시 "면허증을 반납해야 합니까?" 그 판사는 넌지시 웃으면서 "아니요"하는 말에 나는 드디어 안심했다. 법원에 한 번 방문으로 끝났다.

떡도 주문을 받았다. 종류의 노란 시루떡, 백일 떡, 돌떡을 가끔 주문받았다. 백일 떡과 돌 떡은 다섯 가지 색깔의 하얀 코코넛 가루, 깨, 검은깨, 노랑 콩, 팥으로 빚어 경단으로 만들어 가지런히 담아 놓으면 먹음직하고 깔끔하고 보기에 참 예뻤다. 사랑하고 귀엽고 새로 태어난 소중한 아기들을 위해 기꺼이 나는 했다. 청국장 이야기도 하고 싶다. 나는 비엔나에서 휴가차 고향에 왔었다. 언니 식구들과 함께 한식 식당에 갔었다. 걸 한 한식이었고 한복판에서 팔팔 끓는 뚝배기 청국장에만 내 수저는 부지런히 맛있게 먹었다.

그리고 비엔나 집에서 배운 대로 시도를 했는데 성공해서 별미가 되었다. 주위의 지인들을 초대해서 청국장 파티도 했다. 주로 겨울이었다. 지금도 지인들을 만나면 그때의 청국장 이야기를 어느 분은 일생에서 그렇게 맛있게 먹어보지 못했다고 나에게 칭찬을 아끼지 아니했다. 어느 귀한 지인은 이마에 땀을 씻으며 맛있게 드시고 가게에 납품하면 좋겠다는 이대에 나는 실행에 옮기어 기꺼이 승낙해 준 아시아 가게 사장님은 냉동기에 넣고 벽에 "청국장이 있습니다" 하고 광고지를 부착해 놓고 내는 것은 만족하지는 못했었다. 그러나 재미는 있었다. 나는 이 건전한 용단이 활동한다는 그 자체만으로 스스로 만족감에 젖기도 했다. 그리고 계속했다.

제3부

뒤를 돌아본 나의 삶 2

정년퇴직하고 계획과는 달리 비엔나에 머물면서 일반적으로 평범하고 단출한 생활하기 시작했다. 떡과 김치 알바는 계속하였다. 퇴직 후 당분간 장래의 다양한 고민이 밀려와 혼란한 생활이 시작했다. 그리고 오랫동안 함께 했던 정든 직장 동료들과의 이별에 눈물을 훔치기도 했다. 때론 것 잡을 수 없는 외로움이 와르르 몰려와 서서히 퇴직 후 휴 유증으로 우울증에 시달리기 시작했다. 우울증이란 무서운 병이라는 것을 그때 당시에 체험하게 되었다. 생의 자포자기 속에서 극단적인 고뇌 앞에 무기력하고 사는 것이 의미와 재미도 없고 그저 쭉 쳐져 땅속으로 꺼져 들어가는 것만 같았다. 내가 다이던 내과 의사의 소개받아 정신신경과 병원을 방문했었다.

그리고 치료를 받았다. 무려 2년 동안 그 누구도 몰랐다. 다만 윗분만이 매달리는 기회를 주어 그 신앙의 버팀목으로 버텨 나가기도 했다. 어느 정도 시간이 지나고 정신신경과 의사님이 "당신은 하이마트(고향) 가면 당신의 병이 나아집니다" 하고 말 하셨다. 그 말에 나는 신뢰 하지 않고 그저 의사의 말이겠지 하고 시큰둥하고 지나쳐 버렸다. 나는 늘 그리든 고향에 드디어 귀향했다. 세월이 훌쩍 지나고 어느 날 순간 나를 돌아다보니 그 의사님의 말씀이 옳았고 역시 보는 감각이 있었구나 하고 그 말에 늦게나마 인정했다. 고향에 온 후 때때로 인간적인 외로움은 찾아와도 그 잔인한 우울증에 시달리지 않아 그 불행한 무서운 체험기를 생각하며 다행감을 가지고 살아가고 있다.

나는 한인 공동체 안에서 봉사 생활을 여전히 하게 되었다. 공동체 안에는 대다수 음악을 전공하는 유학생들이 있었다. 먼 외국에 보낸 자녀들을 위해서 가끔 부모님들이 관리 보호하는 차원에서 방문하기도 했다. 고국에서 오는 손님은 대체로 내가 관리하는 형편이었다. J의 어머니가 오셔서 만나게 되어 차를 앞에 놓고 이런저런 이야기를 하게 되었다. 외국에 딸을 보내놓고 늘 걱정이 된다며 어렵게 말을 꺼내기 시작했다. 편하게 말씀하시라고 나는 상대방의 여유의 기회를 주었다. 딸을 보살펴 돌라고 말을 했다. 즉 아르바이트이였다. 시간의 여유도 있고 남은 시간을 활용할 수 있다는 평소의 나의 의지로 보람을 갖자는 의미에서 나는 즉시 동의했다. 그분은 안심하고 귀국했고 나는 그때부터 보살펴주기 시작했다.

아이는 참 착했다. 집안일을 했고 밥을 지어 머리를 맞대고 같이 먹고 착한 아이와 대화도 나누고 "할머니" 칭하는 소리에 기분이 짜릿하고 상쾌하기도 했다. 이 일을 하게 되니 주위에 입소문이 나서 부탁이 들어 왔다. 두 학생의 부탁이 왔다. 한 학생은 도시의 한복판에 버스와 지하철을 이용했다. 이 집에 처음 방문했을 때 나는 놀라지 않을 수가 없었다. 세상에 이런 사실도 있구나 하고 생각했었다. 쓰레기와 빨래는 온 방 안에 널브러져 있고 화장품도 방바닥에 뒹굴고 있었다. 돈은 물 쓰듯 하여 고급 물품이 수두룩 싸여 있고 그 학생의 모습을 보고 청소부가 필요하다는 것을 느꼈다. 세수 수건은 한 번 사용하면 땅바닥에 내팽개치고 내 인생에서 그러한 모습을 처음 보았다. 어느 날 그녀의 어머니가 방문했었다. 나는 노파심에서 딸에 대해서 넌지시 조심히 말했다. "그러한 재미도 없이 유학 생활을 어떻게 삽니까?"고 단 한마디로 당신이 무엇이길래 상관하는 식으로 나는 멈칫하며 실망의 눈으로 보며 순간 후회했었다. 그녀는 지금은 어떻게 사는지? 그 널브러져 있는 모습이 가끔은 생각되어 씁쓸한 기분이 되기도 했다.

한 막역지우가 학생들을 위해 아르바이트의 소문 듣고 반대를 적극적으로 했다. 왜 언니로서 그 더러운 일을 그럴 수가 없다고 했다. 나를 사랑하는 그 마음의 생각과 조언은 충분히 알고 있었다. 그러나 나의 일에 대해서 반대한다는 것 동의할 수 없었다. 어느 날 내가 청소를 하고 있는데 그녀로부터 전화가 왔다. "무엇하고 계세요?" 나는 청소하고 있다고 말했다. "걸레질하고 있어요?" "응 그래" 대답했다. 그녀는 독일말로 "하느님"하고 약간의 격노하고 왜냐고 따져 물었다. 나는 잘 들어 보라고 설명했다. 이젠 퇴직해서 시간도 많은데 멍하니 먼 하늘만 또 청장만 보고 살 수 없다고 말을 했다. 빈둥빈둥할 일 없이 보내는 것보다 노는 시간을 활용한다는 것은 건강에도 좋고 시간이 많아 의미 없는 잡념에 사로잡히지 않아 나의 인생길에 영 육 간에 건전한 긍정적인 이미지로 살아가는 것이 좋지 않을까 하고 말을 했다. 그리고 나는 한 가지 묻는다고 했다. 만약에 내가 병이 앓게 된다면 시간을 내서 나를 위해서 병간호를 할 수 있을까 하고 물었다. 나는 진지하게 나의 처지와 위치를 이야기했다. 그녀는 그때야 이해를 하는 것 같은데 그래도 불만은 여전했다.

나는 또다시 설명을 계속했다. 내가 지금 하는 일은 목적이 있다고 했다. 이렇게 해서 얻어진 대가는 나를 위한 품목을 사는 것이 아닌 어디엔가 필요한 후원금으로 대처하고 있다고 말을 했다. 그때서야 "아 그래요"하고 짜증을 내면서도 이해하는 듯했다. 나는 그 당시 한때는 윗분의 순응자가 되기 위해 이렇게 살아왔다. 지금도 그녀와는 산 넘고 물 건너 먼 곳의 비엔나에서 가끔은 연락이 와서 그 옛날의 추억의 한 토막씩 이야기를 나누며 예전대로 "언니는 바보야 바보"하고 놀려댔다. 작년에 고국에 두 아들과 방문해서 귀한 시간을 보내고 한 움큼의 추억을 엮어 뒤에 남겨두고 아쉬운 진한 포옹과 다음 만남의 약속을 하며 이별을 했다.

제3부

나의 인생 그래프

사순절을 맞이해서 "나의 인생 그래프"라는 제목의 특강으로 사제님의 강의가 있었다. 사제님의 일대기에 갓 태어난 아주 귀여운 베비 사진으로부터 재미있게 보았다. 성장 과정에서 어릴 때의 복사와 그동안에 여러가지 봉사활동과 언제나 어디서나 엎디어진 사제 서품의 모습 가슴이 찡하는 서품식을 보았다. 지금까지의 사제의 길을 영상으로 시간 가는 줄 모르고 재미있게 보았다. 역시 사제의 길은 우리와 차원이 다른 고뇌의 영역에서 한없이 우러러 사랑과 존경해야만 했다.

나의 인생을 그래프를 그림으로 그려보라는 숙제를 받았다. 이 그래프 그림은 십대에서 백세까지였다. 나는 팔십의 초반이 넘은 나이로서 지금까지의 내 생을 그래프를 그렸다. 어릴 때는 갓 쓰고 하얀 도포를 입은 근엄한 조부로부터 대가족에서 조부께서는 서당 대신 학교에 다니시고 댕기 머리인 나의 부친은 조모께서 대단한 용기로 깎아 주어 학교에 보냈다고 했다. 그래서 집안 어른들한테 조모는 큰 곤욕의 압박을 받았다고 했다. 그때 조모의 현명한 지혜에 댕기 머리를 깎고 배웠기에 생을 마감할 때까지 사무직 일만(사법서사)을 하셨다. 우리 부모님들의 교육열도 대단히 높아 시골에서 우리 형제들은 모두 고등교육을 받았다. 나는 그래프의 삼십 대까지는 거의 행복으로 그랬다. 나는 삼십 초반부터 결혼 후 가난과 폭력을 무조건 받아드리는 고생을 하면서 어려운 시련이 접어드는 역경은 시작되었다. 그때 당시에 감당할 수도 없이 그 누구의 나눔도 없이 혼자서 많이도 울었었다. 나는 버스를 타도 언제나 창가에 앉아 곁사람에게 들킬까 보아 남몰래 소리 없이 눈물을 훔치느라 고개를 안으로 돌리지를 못했다. 나는 눈물의 씨앗을 통해서 뿌린 영향으로 외국 생을 위해 물 건너 산 넘어 낯선 타향에 가야만 했다. 가난과 모진 세파 속에서도 고통을 주는 그 남편과 헤어지지 않는다는 진실의 끈을 놓이지 않으려고 무척 양심을 붙잡고 처 해진 망가진 상황을 늘 감수하며 살았었다.

 그러나 나의 몸부림의 모진 노력과 진실은 지탱하지 못하고 결국은 실패로 다가와 연거푸 여전히 고통에서 벗어나지를 못하고 결국은 몸 저 병상에 누어 창밖에 울어대는 새까만 까마귀 소리에 나는 예민해져서 더욱 허탈감의 슬픔에 젖기도 했다. 장래 동행 실패의 무너진 진실은 일단 접어버리려고 노력했다. 나는 이젠 혼자가 되었다. 혼자 살아가면서 인간사에 삶의 현장에서 냉정과 온정의 여러 가지 체험을 통해 내 인생은 내가 살아야 한다는 절실함의 느낌 가지고 결론을 터득했다. 나는 기대고 비빌 언덕이 한꺼번에 없어졌다. 그래서 삶에 향하여서 주저 없이 서서히 용감해 갔다. 이후에 삶의 현장에 서서 정신 차리자는 의미에서 때마침 형제들이 나로부터 도움이 필요했다. 이제부터는 출가외인이 아닌 "라"씨로 다시 살자 하는 각오가 나의 삶을 지탱케 하는 바탕이 깔려있었다. 나는 휴가로 와서 나의 아래인 한 핏줄이 창업 시작에 초췌하게 변한 모습을 보고 곧장 모퉁이로 돌아서서 펑펑 울었던 울음을 가슴에 안고 비엔나로 돌아갔다. 그리고 내 가난 속에서도 진심으로 잘 되기를 소원하며 전적으로 힘을 모아 물질로 도와주었다. 그러나 이 하나의 부푼 꿈도 물거품에 지나지 못하고 지금은 연락도 없는 그 배신의 아픔도 세월 따라 멀어져 가니 그 아픔도 멀어져가며 원망하지 말고 살아가기로 했는데도 가끔은 아프고 앞으로도 잊지 못하고 아플 것만 같다. "내 탓이요"라고 앞마당 하얀 분께 내 아픔을 쏟아 기어내어 내뿜으면서 살아가야겠다는 각오를 단단히 묵상했다.

나는 오십년대에 고국에 휴가를 왔었다. 위인 한 핏줄이 가난에 찌들어 사는 것을 보고 초대하려고 했다. 비엔나의 노력 끝에 음식점 동업을 하게 되었다. 어느 날 상대는 혼자서 비밀히 처리하고 도망가고 말았다. 그 후 은행 대출은 나에게 떠맡겨져 월급에서 띠어 나가고 변호사의 느린 형태 여러 가지 복합적으로 나에게 다가오는 검은 밤이 무서웠고 밤잠을 거르는 모진 시련을 참 힘이 들었었다. 어떻게 보면 형제들의 제물이 되었으나 결국 떼어버릴 수 없는 아픔의 상처만 남아 있는 이 현실이다. 나는 외국에서 대체로 무거운 짐 어깨로 살았다. 주위 안타까움의 권유로 종교인이 되는 계기가 있었다. 처음에 개신교에 다니게 되었다. 교회가 시끄러워 교인이 많이들 나갔다. 나도 그중에 한 교인으로서 봉사하다가 지쳐 그만두고 안 가게 되었다.

  그 후 가톨릭교회로 개종 되었다. 처음에는 조금은 쌀쌀한 분위기였으나 조용히 다닐 수가 있어서 얼마 동안은 안정적인 마음이었다. 그러나 여지없이 중책의 봉사직에 맞게 되었다. 나는 스스로 알고 감당할 수가 없다고 무거움을 느끼며 결국은 수용하고 감수해야만 했다. 윗분께 매달리며 기도하면서 침묵을 지키면서 십 이년 간 일을 했는데 결국은 어느 자매로부터 세 시간 동안 당치도 않은 의미 없는 잔인한 오산의 공격을 당하고 거기에 대해서 반박의 해명을 한 나는 사람이 무서웠다. 자다가 악몽에 경기도 했다. 나는 더 이상 버틸 힘도 없고 그때 당시에 귀향길도 열렸고 생각할 필요의 여지도 없이 곧바로 비행기 표를 예약했다. 그 당시 칠 십년대의 초반이었다. 물론 신앙인으로서 신앙생활을 하는 나는 위에 계시는 윗분의 참 은혜로 우리 안의 자매와 형제와 기쁨의 나눔과 행복의 세월도 있었다. 어쨌든 다사다난했던 외국 생활을 청산하고 늘 가슴에 안고 그리며 소원하던 드디어 내 고향과 고국에 도착하게 되었다. 가슴 벅찬 감격의 눈시울을 적셨다. 아침에 눈을 뜨면 창밖의 내 고향의 정원에서 흘러들어오는 싱그러운 흙내음 지저귀는 새소리 바람 소리에 귀 기울이며 행복하게 일어나게 되었다. 귀향해서 설레는 마음의 새로운 생의 이랑을 가꾸는 생활이 시작되었다. 물론 갑자기

바꾸는 환경과 인간관계의 정서적으로 적응을 하기까지 역시 인간 속에는 희비가 엇갈리는 다사다난했던 기간은 여러 해가 필요 걸리었다.

현재는 노인들이 모여 사는 실버타운에 살고 있다. 묻는다면 지금 행복하다고 말을 할 수 있다. "너 자신을 알라" 명구를 앞세우고 있다. 무엇보다 내가 스스로 선택한 내 인생 마지막 내리막길에서 이곳 실버타운을 스스로 선택한 것이 세상에서 가장 잘한 일이라고 자부하고 있다. 그래서 팔십 초반에서 행복한 나의 그래프 지수가 높지 않을까 생각했다. 물론 이곳도 사람들이 모여 사는 곳이라 아웅다웅 부대끼며 숨을 쉬고 산다는 증거리라고 생각했다. 어쨌든 시끄러운 세속의 풍파를 등지고 조용한 산의 사계절 온 대지의 풍요로운 자연을 즐기며 윗분하고 더욱 가까워져 행복하다는 것을 뼈저린 느낌과 무한한 은혜에 감사하며 순응자가 되고자 오늘도 묵상했다. 그리고 나의 인생 그래프의 계기를 만들어 주심에 감사함을 전해주고 싶었다.

제3부

그 옛날 알바를 쫓아서

  겹겹이 쌓인 세월을 보내고 할 일 없이 한가하고 조용하면 자연스럽게도 지나온 과거의 인생을 뒤돌아보게 된다. 되돌아갈 수 없는 그 시절이 자꾸만 눈에 어른거리며 애잔한 그리움에 젖는다. 오늘은 비엔나에서 병원에서 일한 외에 아르바이트를 한 일이 생각이 떠오른다. 병원 근무 삼일하고 삼일은 휴일이었다.

  기숙사 생활하면서 삼 일 쉬는 시간은 지루하고 허송세월 보내는 것 같아 안타까운 마음이었다. 쉬는 시간을 이용해서 좀 더 진취성 있는 보람을 찾자고 고민을 했다. 가까이 지내고 있는 친구와 그런 이야기를 우연히 나누다 나와 의견이 일치했었다. 나는 그 친구와 함께 아르바이트를 찾아 나섰다. 먼저 광고 신문을 샀고 행동에 나섰다. 짧은 도막 독일어로 여기저기 전화를 하고 한 곳에 오라는 응답을 받고 더듬거리는 독일어로 물어물어 겨우 찾았다. 안내자의 안내로 사무실로 들어갔다. 한쪽 눈만 가지고 있는 그 직원을 보고 곧바로 우리는 놀랐다. 우리가 도착해서 우리를 위해서 서류를 구비해준 시청의 시청직원이었다. "당신들 무엇 하러 왔지요?" 우리는 민망인지 부끄러운지 우물쭈물하다가 나와 혹시 뒷조사가 나올까?

불안했지만 우리는 많이 웃었다. 무식하면 용감하다고 우리가 몰라서 참으로 용감했었다. 우리는 이대로 그만둘 수는 없고 용기를 내어 다시 찾기 시작했다. 발견한 곳이 시내에서 떨어진 변두리 양로원이었다. 숲속에 들어있는 제법 큰 삼층 건물이었다. 들뜬 마음으로 들어갔다. 하얀 가운을 입고 귀고리 금팔찌 화려한 오십 대쯤 되는 도도한 여자로 보여 거리감을 느끼게 했다.

어쨌든 우리는 일을 시작했다. 병원 일과는 또 달랐다. 병원의 환자는 치료의 간호와 돌봄이 있지마는 양로원 환자는 머리에서부터 발끝까지 돌보아야 했다. 먹여주고 씻겨주고 응가 닦아주고 심지어는 밥 먹은 후 빈 그릇을 모아 부엌에 날라 주어야 했다. 그야말로 밥을 먹을 시간도 없는 중노동이었다. 같이 시작한 친구는 극복하지 못하고 중간에 그만두기도 했다. 그러한 어려운 일이었지마는 인내심을 발휘해서 한번은 가난을 극복해서 잘 살아야겠다는 뼈저린 마음 다짐 약속의 힘이 어디에서 나왔는지 모두의 원인은 나의 가난 때문이었다. 병원의 밤 근무하기 전 양로원에서 낮 근무 열두 시간 일하고 집에 온 후 곧바로 병원의 밤 근무 파트너의 눈치 살피면서 열두 시간 일하고 그 이튿날 바로 양로원에서 도합 삼십 육 시간 일할 때도 있었다.

어느 주말이었다. 연세가 드신 간호사와 나와 둘이 일했다. 그런데 할머니 한 분이 돌아가셨다. 그 시체를 세 시간 후에 다른 사람 때문에 방에다 놓아둘 수가 없다. 가가 막힌 마음을 달래며 단가에 겨우 떠밀어 올려놓고 비좁은 엘리베이터도 안되고 계단으로 내려가야 하는데 내가 젊다고 앞장서서 한발 한발 천천히 띠어 가며 온 혼신 힘을 다해 시체실 옮겨놓았다. 나는 시체 곁에서 울어버리고 말았다. 잊고 씻을 수 없는 그 체험기가 찌든 가난으로 벗어나기 위한 이러한 고된 일도 마다하지 않고 나는 기꺼이 했다.

어느 날 이곳에 사는 어느 품격 있는 할머니가 옛날 이승만 대통령 부(프런체스카)의 언니라는 것을 알게 되었다. 반가웠다. 그리고 그때부터 그분과 가까이 지내며 부족한 독일어로 더듬거리는 마음의 소통으로 말을 나누기도 했다. 대통령 부인이 호주 여자가 아닌 비엔나에서 태어난 것을 그때 알게 되었다.

어느 추운 겨울에 일이 마치고 밖에는 어두움이 깔려 있었다. 어두운 침침한 한적한 길의 두려움이 등골을 오싹하기도 했다. 버스정류소에서 주말인지 타는 손님이 없어 오랫동안 혼자서 버스를 기다리고 있으며 시린 발을 동동거리고 있었다. 누리에 함박눈이 내리고 있었다. 그 광경을 지금도 잊을 수가 없다. 눈앞에 서 있는 가로등 불빛에 눈을 모이며 쏟아지는 아름다운 함박눈을 지켜보면서 당분간 내 땅이 아닌 먼 곳에서 고향의 겨울 향수의 고요함이 아픔과 외로움에 젖기도 했다. 버스, 도시 전차, 전차를 시달리며 갈아타고 집에 오니 주말이라 한 시간이 훌쩍 지나 집에 도착 되어 나는 이미 파죽음이 되었다.

세월이 지나 양로원 일은 그만두게 되었고 음식점에서 서비스로 일하게 되었다. 양로원 못지않게 힘든 일이었다. 오전 아홉 시에 밤 열한 시까지 일해야 했다. 점심 후 쉬는 시간이 주어진 외에는 밤늦게까지 뛰어다녀야 했다. 왔다 갔다 정신없이 일할 때는 모르는데 조금 틈이 있어 서 있을 때는 발에서 불이 활활 타고 있었다. 그 대신 누우면 잠을 잘 자기도 했다. 그런데 같이 쓰는 한방 친구가 잠결에 많이도 앓이 소리를 한다고 그 친구가 걱정도 했다. 다시는 가난해서 허기진 배를 움켜쥐지 않으려고 나는 그렇게 살았다.

제3부

아버지의 등기

몇 년 전 겨울이었다. 한파가 갑자기 몰려왔다. 차가운 바람이 불어 뼛속까지 파고든다. 만나는 사람마다 "춥다."라는 말이 인사인 것 같다. 이렇게 추운 날 오후에 썰렁한 소식이 왔다. 아주 먼 곳 비엔나의 친구였다. "따뜻한 봄에 방문해 뵙겠다."고 약속한 아버지가 작고했다 한다. 쉽게 올 수 없는 이국땅에서 후비는 가슴이 얼마나 아플까, 나는 친구의 그 마음을 훤히 내려다볼 수 있었다.

유럽의 한 귀퉁이에서 지쳐가고 있을 때 내 아버지가 작고했다는 소식을 접했다. 눈이 펑펑 쏟아지는 겨울이었다. 멍했다. 정신을 차려보니 내가 잘 다니는 거리 faforitenstrasse의 인파 속에서 정신없이 쏘다니고 있었다. 순간 겁이 났다. 마음을 추스르고 달래어 가까스로 집에 왔다. 혼자서 실컷 울던 그때가 생각난다. 세월이 약이라고 아무렇지도 않은 듯 이렇게 살고 있다.

나의 아버지는 나이보다 젊게 보였다. 제법 몸매가 좋은 멋쟁이였다. 언제나 단정한 양복 차림이었다. 마지막으로 뵈었을 때는 하얀 한복에 무르팍까지 내려온 우아한 검정 두루마기 차림이었다. 윤기가 나는 구두의 신발이 돋보였던 아버지는 단정 깨끗했다. 그리고 품위가 넘쳤다.

　아버지는 언제나 성실하고 당당한 엄격한 성격이었다. 차림이 남루한 사람이 집안에 들면 무조건 혼을 내어 보낸다. 무서운 분이라고 소문도 났다. 집안에서는 효자, 착한 남편, 자상한 아버지였다. 시골에서 일요일도 없이 읍내로 자전거로 출근을 했다. 저녁에는 대문 앞에 서서 기침으로 퇴근 신호를 했다. 우리 형제들은 일제히 앞다투어 마루가 아닌 토방까지 내려와 서서 깍듯이 마중했다. 온 식구가 머리를 맞대고 식탁에 둘러앉아 저녁 식사는 행복했다. 아침이면 우리 형제들을 모아 놓고 공부와 노래를 가르쳐 주던 아버지의 모습이 또렷이 남아있다. 어쩌다 약주를 들고 온 날은 기분이 좋아 흥얼거리고 우리들도 덩달아 좋아했다. 너도 나고 불러 모아 놓고 호주머니에 든 돈을 꺼내어 후하게 나누어 주었다. 그러나 아침이면 멋쩍게 웃으며 다시 모두 거두어 갔다. 꼼수를 부리는 언니가 있어 우리는 킥킥 웃음도 자아냈다. 나는 아버지의 꾸지람을 듣거나 매를 맞은 기억은 없다. 어머니가 장롱 위에 나뭇가지를 올려놓고 때릴 듯 엄포를 놓은 것이 고작이었다. 다만 내 밑에 두 살 터울의 남동생과 아침마다 나란히 서서 두 손을 들고 벌을 받으면 잔소리하는 어머니보다 못 본 체하는 아버지 쪽으로 구원의 눈치를 보내곤 했다.

　비엔나에 온 지가 팔 년 만에 2개월의 봄 휴가를 얻어 고향 집을 찾았다. 아버지는 칠십 초반이었다. 뇌졸중으로 편찮으시다는 소식은 종종 듣고 알고 있었다. 고향 집에 들어선 순간 아버지를 붙잡고 펑펑 울었다. 모퉁이로 돌아서서 넋두리를 뇌까리며 계속 흐느낀 날이 엊그제 같다. 그 전에 당당하고 깔끔한 아버지의 모습은 오고 간 데없고 곱고 그 하얀 살결도 꾀죄죄하고 까무잡잡하게 마른 할아버지가 되었다. 어둔한 아버지의 머리에 겨우 "등기," "설정," 등등의 몇 마디가 소통의 수단이었다. 아버지는 청년 시절부터 등기소와 법률 사무소에서 일생을 보냈다. 자식들의 이름은 잃었지만 수십 년 동안 매일 한결같이 사무실에서 쓰던 그 몇 마디의 말은 놓치지 않아 그나마 다행이었다. 아침이면 샘가에서 세수하고 "등기."하고 큰 소리로 외친다. 얼른 수건 갖다 드렸다. 이러한 식으로 가족과 소통을 했다.

아버지가 병들자 젊은 계모는 늦둥이를 데리고 아버지 곁을 떠났다. 내 마음을 더 아프게 하는 것은 손자 손에 든 간식을 빼앗았다. 아이가 울든 말든 맛있게 드는 모습이었다. 저렇게 잘 드시는데 왜 살이 빠졌는지, 해서는 안 될 생각이 맴돌았다. 함께 사는 며느리를 자꾸만 되짚었다. "올케가 수입쌀로 밥을 지어 드린다."는 말을 언니에게서 들었다. 나는 언니의 불평이 행여나 아버지에게 불똥이 떨어질까 보아 단단히 입단속을 시켰다. 어느 날 저녁상을 물리친 후 갑자기 "군산, 군산" 연이어 되뇌었다. 나는 직감을 하고 "군산을 가고 싶으세요?"하고 물었다. 환한 미소를 띠고 고개를 끄덕이었다. 아버지의 작은 아버지가 군산 시내 경찰서 옆에 사진관을 했다. 이미 없어 진지 오래였다. 그리움 때문일까? 택시를 타고 공원과 해변을 드라이브하고 제일 맛 좋은 생선 횟집으로 모셨다. 비운 접시가 쌓인 것을 보며 나는 큰 박수 쳐드렸다. 많이도 잡수셨다. 나는 그런 아버지를 지켜보며 눈물겹도록 흐뭇했다. 오랜만에 효도를 한 것 같다. 음식점에서 나와 갑자기 "등기", "등기"를 연발했다. 작은아버지 때문인가? 그분이 살았던 곳으로 갔다. 택시에 내리시어 이쪽저쪽 살펴보시더니 실망하는 눈치였다. '찾는 곳이 아닌가,' 높아지는 톤과 실망과 화난 눈빛으로 나에게 다가왔다. "설정", "설정" 나는 무척 당황하고 난감 했다. 비는 부슬부슬 내리기 시작했다. 어떻게 할 방법이 없었다. 나는 휘적휘적 앞장서 걸었다. '금방 따라오겠지.' 하는 마음으로 뒤돌아보았다. 아버지는 지나가는 사람을 붙잡고 무얼 묻고 있었다. 모두 어리둥절한 표정들뿐이었다. 아버지의 말뜻을 물론 알지 못했다.

    무조건 아버지를 설득해서 차에 태웠다. 아버지는 어두운 표정으로 순순히 따라왔다. 일단은 귀가했으나 편치 않은 마음들이었다. 휴가가 끝나가고 있었다. 아버지와 헤어져야 한 시간이 다가왔다. 혼자서 아무것도 모르고 화투놀이를 하시는 아버지 곁에서 나는 서성거렸다. 아픔이 파도처럼 밀려왔다. 목매 인 소리를 다독이며 겨우 입을 열었다.

    "가지마... 가지마... 빌어먹을" 어린애 보채듯이 애원을 했다. 아버지와 나는 부둥켜안고 울었다. '곧 온다.'고 거듭거듭 안심을 시켰다.

가끔의 삶은 참으로 냉혹하다는 것을 뼈의 속 깊이 느꼈다. 나는 무엇보다도 아버지의 연로와 외로움에 대한 아픔을 안고 비엔나로 돌아갔다. 휴가의 후유증을 몇 개월 동안 견뎌내야만 했다. 향수병으로 마음고생을 했다. 혼자서 대문에 들어서는 나를 기다리던 아버지의 모습이 생생하게 어른거려 아팠다. 나는 몸이 상할 정도로 밤낮으로 아버지의 생각에 빠져 있었다.

어느 날 밤에 외출에서 오면서 다과를 사다 드리니 여러 개를 거뜬히 드셨다. 내 걱정과는 달리 아침에는 아무 이상이 없었다. 맛있게 드는 것을 보고 나는 거의 날마다 사다 드렸다. 비엔나에 와서도 그렇게 계속하고 싶었다. 동생이 빵값이 없어서가 아니었다. 내가 나의 돈으로 이렇게 해서라도 먼 곳 귀퉁이에 서서 간식을 맛있게 드시는 아버지의 모습을 상상으로나마 훤히 건너다보고 싶었다. 아버지는 그해 십이월에 작고했다.

세월이 지난 어느 날 언니와 마주 앉아 이야기를 나누다가 군산에서 아버지의 주춤거린 일을 상기하면서 말을 했다. 갑자기 "이 바보야 아버지가 생선 시장을 가고 싶었을 거야 분명히 이 바보야," 뒤통수를 한 대 얻어맞는 기분이었다. 가슴이 후비어 온다. 나는 펑펑 울고 말았다. 순간 비수가 되어 내 가슴 속에 파고들었다. 아버지는 임종 시에 두 팔을 하늘을 올리며 우물 주물 해서 내 이름을 디밀었더니 고개를 끄덕이며 눈물을 흘렸다고 한다. 나는 철저히 불효한 여식이다. 이것이 바로 인생인가? 회의감 속에서 나는 그저 아픔이 저리어 왔었다.

　가끔은 아버지를 향한 "등기 설정"을 내 기억에 심어 그리움, 연민의 온기의 언어로 펼쳐본다. 등기 설정도 없이 아버지는 그 길을 갔다. 나는 생각을 털며 슬픔에 젖어 있는 먼 곳의 친구에게 편지를 썼다. 조언의 위로 문을 써서 보냈다. 답이 왔다. 이국에서 맞는 비보는 그 참담함을 겪어보지 않은 사람은 모를 것이다. 친구의 답장은 이렇게 끝을 맺었다.

　"함께해주셔서 고마워요, 사랑해요." 내가 친구 곁에 있다가 내 빈자리가 아직도 아쉽다며 '행여나 올까.' 하고 미련을 접지 못하고 있다고 한다.

제3부

내 삶의 현장

밖에는 찬란한 봄의 햇살이 온 누리를 내려주고 주위에는 하얀 벚꽃, 노랑 개나리꽃이 활짝 만개가 되어 알찬 봄을 드러내고 있다. 살랑대는 바람에 따라 청순한 아름다움의 고움을 이곳 실버타운에서 즐기고 있다. 바람에 우수수 눈이 되어 떨어지는 꽃잎을 볼에 맞으며 길가에 떨어진 하얀 꽃잎을 밟으며 소통이 잘 되는 곁 이웃과 함께 산책하며 오순도순 담소를 나누며 걷고 있는 모습의 따스한 정을 나누기도 했다.

나는 이곳에 입주 일이 일 년이 되어가고 있다. 처음에 와서 새로운 출발의 그 허니 문은 아쉽게 지난 것 같다. 막혀서 단절된 이곳 단순한 생활 지루 감을 감수해야만 한다. 어디를 가나 인간의 외로움과 고충은 뒤따르고 있다. 이 현실을 이웃에서 해결할 것 아닌 과거나 지금이나 나의 생의 다짐하고 각오 지침인 각자도생으로 가야 한다는 것 절실히 이곳에 와서 새삼스럽게 느꼈다. 그리고 나는 윗분의 말씀을 가슴에 안고 실행하고 싶었다. 그러나 실천을 옮기기란 쉽지 않다. 인간관계에서 가끔은 별다른 것이 아닌 말로서 상처의 어려운 일에 처하기도 한다. 내가 살아있다는 증거일까 하며 부대끼며 아웅다웅 살아가자 내가 이곳에 장래의 마지막까지 살아가야 할 공동체의 현실을 감수해야만 했다. 언제부터 무엇인가 불안하고 부족하다는 느낌에 스스로 내 속 깊이 묵상도 했다. 아직도 부활절 이 시기에 기쁨이 없는 것 같다. 지난 과거 행사 때에는 바쁘게 봉사에 활동한 체험기가 있었기에 무력감을 느끼지 않았나 하고 생각이 된다. 나이 탓인지 환경 탓인지 그저 부활절 그 밤에 깜짝 기쁨과 즐거움 외에는 무덤덤하게 지내고 있는 것이 나의 부족이라는 것 너무도 잘 알고 있다. 내가 나 아닌 다른 사람이 되어버린 이 현실에서 가끔 상대방의 반응에 화가 울컥하는 나의 행위에 대해서 전혀 다른 내가 존재한다는 것 알고 지난 과거를 돌아보면서 그때 초심을 몹시도 그리워하며 후회하는 것 한두 번이 아니었다. 신앙인의 말 수가 작은 초심으로 돌아가고 싶은 마음이 가끔 간절했었다.

　어떠한 어려운 여건에서도 침묵으로 일관하는 예전의 내가 되고 싶었다. 잠시 나의 옛날 나의 모습을 뒤돌아본다. "참여는 은총이다." "그리스도의 사랑이 나를 다그치도다." "너와 나와 합심하여 기도하면 선을 이루리라" "보석이 있는 곳에 마음이 가듯이 내 마음은 하늘 둔 보석을 사모하면서 살자" 그리고 세상일을 포기해야만 하는 것 인간적이 아닌 말씀 안의 묵상에서 나오는 가름에서 해결하자는 나의 순응의 포기하자는 등등의 이 귀한 말들을 일상생활에 신앙인으로 현저하게 결합의 다양한 일에 묵상하며 기쁨의 은총을 받으며 이러한 모습으로 살아야 했다. 이젠 이글 (주님의 말씀)들이 나에게서 멀리 사라져간 것 같아서 슬픔을 감수하기도 했다. 이젠 세월이 가져온 또 다른 영역의 동선을 쫓아서 찾아 순수한 그 길을 순한 목자의 길을 따라가면서 살자는 적이 하늘을 우러러본다.

제3부
소나무 시집가는 날

　오늘은 목요일마다 하는 제목의 "은빛 여정"을 수녀님의 강으로 예나 다름없이 성경공부를 했다. 첫 번째 기도 후 수녀님께서는 수업하기 전 성경공부와 무관하다면서 오늘이 무슨 날인가요? 하고 물어 왔다. 글자 숫자는 네 자와 아니면 여덟 자라고 말씀했다. 아무도 대답 못 했다. 나도 이래저래 생각해도 도저히 알 수가 없었다. 한동안 기다리다가 환하게 웃으시면서 "오늘은 소나무가 시집가는 날이에요"하고 뜬금없이 말씀하셨다. 그때에서 우리는 밖에서 소나무가 사라진 것을 알게 되며 웅성거리며 공감하게 되었다. 그러고 보니 맞다. 지난번부터 서서히 작업을 시작하더니 거대한 소나무들이 뽑혀 나갔다. 여럿의 장정들이 와 작업하니 앞마당은 흙과 솔방울들이 널브러져 있고 당분간 어수선했다. 파낸 소나무 큰 뿌리를 흙으로 철저하게 묶어 대형의 크레인이 올려 트럭이 싫고 사라져 갔다.

　이젠 섭섭하게 빈자리만 지켜보아만 했다. 한 어머니가 큰딸 시집 보낸 그 날 저녁 딸의 빈자리에 앉아 설움의 울음을 울고 말았다. 하지만 다른 자식들의 위로와 위안을 받고 울음을 그쳤듯이 이곳 둘레에 또 다른 다양한 나무들에 눈길이 가는 곳마다 줄줄이 서 있는 풍성함에 위안과 위로를 받을 수가 있다고 생각되었다. 한편으로는 소나무가 차지했던 그 자리가 훤히 툭 터져 넓어진 공간이 환해서 시원스럽기도 했다. 내가 작년에 왔을 때 이 건물 주위에 거대하고 우람 된 소나무들을 우러러보고 내 마음에 들어 든든했다. 이 건물을 세울 때 심은 소나무들이 이십 년이 훌쩍 자라 건물 바로 곁이라 나무가 바로 자라지 못하고 옆으로 처져있고 지난겨울에 눈이 많이 와서 눈 무게에 지탱 못 하고 소나무 가지가 찢어지는 사태가 있기도 했다.

사월의 중순이다. 나날이 다르게 짙어지는 고운 연녹색의 풍요로움과 싱그러운 전경이 서서히 드러나고 있다. 날씨도 청명해서 우와 하고 소리쳐보고 싶었다. 찬란히 햇살이 날라 뿌려주는 숲의 향기로움을 즐기고 있다. 내 집의 베란다에 서면 앞마당의 정원의 철쭉꽃이 하얀, 빨강이 어울려 놓고 꽃 속의 하얀 분께서는 평화의 양손을 벌려 언제라도 품어주는 사랑을 담은 위로의 형상 있어 마음 든든하다. 그리고 우뚝 솟아 있는 우리나라의 태극기가 봄바람에 휘날리고 있는 모습을 지켜보면 애국가를 생각하며 "동해물과 백두산"이 자랑스럽기도 했다. 시야에 들어오는 호수에 잔잔한 은물결이 퍼져가고 있다. 펼쳐진 멀리 산자락과 산골짜기에도 두루두루 온 산천이 연녹색으로 수를 놓은 진풍경이 여기 이곳에서 볼 수 있어 기쁘고 만족한 내 영역의 삶이 되어 있다.

눈앞에 바로 야산에 줄줄이 서 있는 다복스러운 연녹색이 봄의 산들바람에 흐느적거리고 있는 잎새가 내일이면 더 진한 모래면 더 진해져서 서서히 다가오는 여름의 강 열한 태양을 견디는 준비 하고 있다. 오늘 시집간 소나무는 뒤돌아보지 말며 어디엔가 그곳 자리에서 우뚝 서서 거대함과 우람 됨의 제 역할에서 지나쳐가는 사람마다 아름다운 눈길과 정성스러운 맑은 마음을 모아주기를 염원했다.

제4부
마음이 항상 푸르름 속에

제4부

실버타운의 텃밭 1

온 누리를 촉촉이 적셔주는 아침부터 봄비가 내리고 이곳 주위의 둘레에 약동하는 생물들에게 봄의 싱싱한 생기를 북돋아 주고 있다. 엊그제 텃밭 작업을 들뜬 마음으로 시작했다. 검은 비닐로 밭두렁을 덮어씌우고 뾰족한 긴 막대기로 모종을 심을 곳에 구멍을 만들었다. 그리고 모종을 사다 놓은 상추, 참깨, 당규, 겨자 채소, 명이나물을 우선 심었다. 손수 흙을 묻혀 만지작거리며 다리 아픔쯤이야 견뎌내며 물론 굽뜨게 심고 도닥거리며 잘 자라라 웅얼거리는 노래도 들려주었다. 조석으로 다니며 어제보다 오늘은 더 자랐네 하고 싱싱하게 자라는 모습을 곁에서 보면서 대만족 가슴 뿌듯했다. 이웃 곁 두렁에 일찍 심은 모종들은 이미 쑥쑥 자라 싱싱하고 맛깔스러워서 보기에도 부러워하며 흐뭇했다. 얼마 전에 앞마당의 텃밭을 가꾸는 사람들을 모집한다는 광고를 읽고 나도 기꺼이 동참했.

우리 노인장들은 즐거움이 가득한 채소 가꿀 사람들이 모였다. 흥미진진함에서 웅성거리며 약간의 흥분 속에서 나는 제비를 뽑아 한 켠의 이랑을 얻게 되었다. 영양분(하얀 비료)을 미리 준비해 놓고 주문한 호미와 궁둥이 의자를 받아안고 내 생애에 상상치도 못한 노동일은 처음으로 일어난 일이라 당분간 벅찬 마음으로 재미있었다. "오 내가 텃밭을 가꾼다."하고 감격의 함성을 지르기도 했다. 곧장 가까이 교제하는 지인들에게 전화해서 나의 기쁨을 함께 나누기도 했고 나이 많은 나에게 힘이 들까 보아 걱정과 격려도 해주었다. 막상 노동일의 밭을 가꾼다니 그 옛날 추억거리들이 뒤돌아보며 생각이 나기도 했다. 외국 비엔나에서 살 때 정년퇴직이 가까워지면서 장래에 어떻게 살 것인지 고민하게 되었다. 나는 완전히 귀국하는 전제하에서 서서히 고향 땅에 사는 모습의 그림을 그리며 계획을 세웠다. 그리고 고향 시골에 적은 초가삼간 집을 짓고 싶었다. 토방에는 호위무사로 하얀 진돗개를 세워놓고 앞 텃밭에는 상추, 가지, 깻잎, 고추 등등의 다양한 채소를 심고 싶었다. 이마에 땀을 훔치며 심어 이웃과 머리를 맞대고 냠냠 하고 남겨진 여생을 오순도순 정을 통하여 나누고 싶은 큰 소망이었다.

그러나 잊을 수 없는 아픔의 꿈으로만 허망하게 사라져가고 말았다. 이곳 실버타운에서 이 늙은 나이에 한 귀퉁이의 옛날에 못다 이룬 아주 작은 소망을 다소나마 채워 이르는 듯 옛일을 더듬으며 이 현실에 기뻤다. 얼마 전에 텃밭을 같이 하는 이웃들이 시내로 밭에 심을 모종을 사러 간다기에 나도 따라나섰다. 먼저 가게에 햇빛을 가릴 모자와 장갑을 자세히 들여다보며 골라서 샀다. 이곳저곳 싱싱하게 막자란 어린 모종을 보러 다녔다. 어느 가게에서 뜻밖에 눈에 띈 명이나물 모종을 보고 반가웠다. 몇 개를 골라 텃밭에 심었다.

비엔나에서 이맘때 비엔나 숲에 곳곳마다 지금쯤 한없이 펼쳐진 명이나물과 참나물을 훤히 건너다보면서 당분간 그리움에 젖기도 했다. 그곳 사람들은 이 맛 좋은 나물들을 먹지 않았다. 우리 한국 교포들은 부지런히 따다 부치게, 김치와 찌개를 만들어 먹은 특별한 맛 좋은 음식과 또 잊을 수 없는 고사리나물의 밥상이기도 했다. 두 번째 모종을 사 왔다. 고추, 가지, 방울 도마도, 오이, 고구마 등등을 심었다. 고구마를 심는 서투른 나의 손길을 곁에서 지켜보더니만 방법을 가르쳐주었다. 초보자로서 끙끙 앓으면서 이웃의 도움으로 모두 심었다.

 그다음 날 오후 느지막하게 호미, 꽃삽, 장갑 등등의 담은 바구니를 들고 어느 시골집 아낙네처럼 밭에 갔었다. 어린 채소들이 반가웠다. 잘 자라고 있는지 지켜보면서 내가 직접 만든 내 작품에 흠뻑 물을 쏟아부어 주며 마음 뿌듯했다. 당분간 허리를 펴고 서서 온 밭을 둘러보았다. 어르신들의 정성의 마음과 움직이는 손길이 어느새 어린 채소들이 텃밭에 가득 찼다. 파란 하늘 아래 햇살 속에서 쑥쑥 자라는 풍요로운 모습이 내 마음도 덩달아 만족하다.

제4부
가랑비의 사연

   창밖에는 조용히 가랑비가 내리고 있다. 가랑비가 내리면 가라고 한다는데 가고 싶은 곳이 있으나 갈 수 없는 것이 하늘의 먹구름만이 가슴속에 파고든다. 이곳 실버타운에 입성 한지일 년이 되어간다. 요즈음 어버이날이 다가오고 있다. 어르신들의 마음이 뒤숭숭한 것 같다. 어제와 오늘 식당의 빈자리를 지켜보면서 이러한 상황에 잘 견뎌내온 내 마음이 약간의 우울 기에 흔들리고 있었다.

   나는 자식이 없다고 한탄한 적도 없고 후회한 적도 없었다. 다만 주위에서 자식이 없어 동정의 눈으로 바라볼 때는 정말 불행할까 하고 생각해 보기는 했다. 특히나 울 언니가 내 이상의 고민을 갖고 걱정을 많이도 했다. 아직 삼십 후반에 들었을 때였다. 언니와 항상 안부 편지를 주고받고 할 때였다. 아버지가 없어도 자식 하나 낳으면 상황이 여의치 않으면 무조건 언니가 키워준다는 내용이었다. 나는 상상해 보지 않은 뜻밖의 소식에 곧바로 웃음이 터졌고 혼자서 읽기에 아까워 함께 기숙사 사는 이웃들에게 읽어주면서 함께 많이도 웃었다. 나에 대한 언니의 의견은 진실하고 절실했는데 나 스스로 고민하지 않은 일에 전혀 나와 동떨어진 이야기로 듣고 말았다.

나는 지금도 마찬가지로 그 당시에도 아이가 없는 불행감을 한 번도 가져본 적이 없었다. 휴가 올 때마다 자식이 없어 동정의 말과 눈길로 거기에다 가까운 친척들도 합세하여 자식이 없어 불행하다고 느끼지 않는 나로서는 참으로 난감하기도 했다.

 때로는 그 말에 자극을 받고 정말 불행한 여자일까 하고 생각하기도 했다. 비엔나에서 오랫동안 살았을 때 누구 하나 자식에 대한 물어 주는 사람이 없어 마음 편하게 지냈다. 귀국 후 어느 날 언니와 나와 마주 앉아 이런저런 이야기를 나누게 되었다. 언니에게 참하고 착한 아들이 네 명이 있다. 네 명 중에서 아들 한 명을 양자로 선택하라고 했다. 나는 상상치도 않는 물음에 현실에 동떨어진 옛날 사고방식으로 나에게 디밀고 있었다. 언니의 생각은 순전히 나를 위한 손 내밀어 준 의견이었다. 거기에 대해서 고마웠다. 며칠 후 다시 꺼내어 선택 결정을 하라고 했다. 나는 언니의 마음 상하지 않게 차분히 설명하며 거절한 셈이 되었다. 이 복잡한 세상사에 받아드리기엔 나로서는 단순한 문제는 아니었다. 언니는 나름대로 섭섭했는지 화를 내기 시작했다. 우리는 티격태격하면서 서로 속상했다.

 그리고 흥분의 말이 오고 가고 하다가 소통이 되지 않아 내가 자리를 피했다. 세월이 얼마 지난 후 어느 순간 내가 바보였다는 자체를 깨닫고 소용없는 늦은 후회를 하며 가슴 아파했다. 그때야말로 나를 위한 언니의 뜻깊은 마음을 위해 나의 융통성의 지혜를 발휘해야만 했다. 언니 앞에서 예하고 순응자가 되었다면 언니는 만족하고 편한 마음에서 마지막 여생의 마무리를 지었으리라 생각되었다. 나도 이 아픔의 여운을 동반하지 아니했을 것이다. 하고 가끔 언니의 생각이 날 때면 씻을 수 없이 소용없는 후회가 가슴속에 남아 맴돌고 있는 것 엄연한 현실이다.

 밖에는 여전히 가랑비가 내리고 있다. 농촌 농부들의 웃음꽃을 피워주는 봄의 단비로 앞마당 어르신들과 한 귀 퉁의 내가 가꾸는 텃밭에도 이곳 둘레의 푸른 숲들도 촉촉이 적셔주고 있다. 가랑비가 적셔주는 온 누리를 나는 이 풍요로움을 창가에 서서 즐기고 있다.

 자식들이 온다고 고운 옷을 입고 손에는 푸짐한 선물 꾸러미를 들고 있는 한 분을 앞에서 만났다. "가랑비는 오는데 가랑비가 가라고 해서 어디 가세요?" 나는 가벼운 농담 했다. 그녀는 함박웃음 꽃을 활짝 피우고 가족의 만남에 퍽이나 행복해 보였다. 그리고 이 가랑비 속에서 가족들이 오고 가고 하는 모습 또한 행복해 보였다.

제4부
발버둥 치는 벌레를 보면서

　금요일 날 발톱 시술을 받았다. 그 이튿날 토요일에 병원의 검사를 받아야 했다. 실버타운에서 운영하는 셔틀 버스가 없으니 절약의 시내버스를 아니면 비싼 택시를 이용해야 했다. 나는 약간의 고민하다가 아직은 내가 할 수 있는 건강의 능력을 앞 내세우며 절약의 버스를 선택했다. 여덟시 삼십 분 차가 있었다. 조반 후 서둘러 버스 정류장으로 갔다. 싱그러운 공기와 아침 햇살이 사방에 푸르름의 온 누리를 비추어 기분이 상쾌하기도 했다. 내려가는 길에서 발가락에 약간 불편을 느꼈으나 걸어서 갈만했다. 버스정류소에 도착해서 버스를 기다리고 있는데 갑자기 눈앞에 마른 바닥에서 이름 모를 한 벌레가 먼지를 뒤집어쓰고 몸부림을 치고 있었다. 순간 어떻게 해? 하고 살려야지 속단을 내리고 주위에 두리번거리었다. 종이 한 조각을 주어 종이에 올리려 하니 벌레는 더욱 몸부림을 치고 있었다. 어렵게 떠서 풀 섶의 촉촉한 곳에 조심스럽게 놓아 주었다.
　나는 이러한 경우에 언제나 지나쳐가지 못하고 죽고 사는 것은 "너의 몫이다" 항상 하듯이 말하고 실행에 옮겨야만 했다. 왜 이러한 현상이 나에게 일어나는지 지나온 내 생의 뒤를 곰곰이 돌아보게 되었다. 동물이건 벌레건 어떠한 악조건에서 몸부림을 치는 것 보면 그냥 단순하게 지나칠 수가 없었다. 지난 오랜 긴긴 세월 속에서 그 풍파의 아픔에 시달리며 몸부림치며 견뎌내야 했다. 그래서 몸부림치는 것을 나는 두고 볼 수가 없었다. 그 당시 고비 때 극단적인 생각도 했었다. 나는 귀국해서 어느 귀한 지인으로부터 저녁 식사 초대를 받았다. 깨나 고급 식당이었고 나를 위해서 맛있는 것 주문하고 앞에 냄비에 부글부글 끓고 있는데 느닷없이 산낙지(그때 낙지를 몰랐었다)를 끓는 물에 넣는 광경을 보고 그 뜨거운 속의 아픔을 함께 느끼며 소리라도 지루고 싶은 충동을 꾹 참았다. 좋은 초대자는 내 마음을 알 턱이 없고 자꾸만 내 앞에 쌓아놓으니 고역이 이루 말할 수가 없었다. 그날을 잊을 수 없는 초대의 미안한 마음과 피할 수 없는 고역의 밥상이었다.

어느 해 봄에 휴가를 왔었다. 가족들이 모여 해변으로 놀러 갔었다. 물론 생선음식점에 갔다. 눈앞에 풍성한 생선 음식에 놀라웠다. 나는 꾸물거리고 있는 산낙지를 보고 놀랐다. 모두 맛있게 서슴없이 잘 먹고 있었다. 보는 것만으로 아픔을 느끼며 역겨웠다. 주위에서 자꾸만 권하고 있었다. 접시에 발톱이 떨어지지 않으니까 참기름으로 후벼대니까 떨어져 채소에 싸서 맛있게 먹는 모습을 지켜보면서 나는 인간의 어느 잔인성을 느꼈다. 그렇다고 나는 채식주의자는 아니다. 한 번은 해물 국이 먹고 싶었다. 시장에 가서 게를 사다가 씻고 분명 죽어있었다. 다른 양념과 함께 물을 붓고 끓이는데 산 게가 살아서 갑자기 꾸물거리고 있었다. 놀라 결국은 먹지 않았다. 홈쇼핑에서 전복을 주문해 받았다. 모두가 살아서 움직이고 있었다. 산 것을 어떠한 도구로 파서 씻어야 하는데 파내는 순간 얼마나 아플까? 하고 그 느낌이 끔찍스러웠다. 도저히 할 수가 없어 이웃에게 미련 없이 주었다. 언젠가 지인의 초대로 방문했다. 바퀴벌레가 바닥에 기어가고 있었다. 얼른 가서 발로 짓이기고 있었다. 나는 가혹함을 보지 않으려고 눈을 감아 버렸다. 나는 이러한 내가 되었다. 다른 사람들은 이상하게 볼지 모르나 짓밟히는 나의 가슴 아픔의 체험기가 있었다. 이러한 놓을 수 없는 현실의 여로를 걷고 있지 않은가 생각해 본다.

제4부
실버타운의 텃밭 2

햇빛 없이 먹구름이 모이더니 밖에는 바람 없이 이 산골짜기에 조용히 비가 온 누리에 내리고 있다. 신록 위에도 앞마당의 메마른 텃밭에도 몹시도 기다리던 비가 내리고 내 가슴속에도 시원히 적셔주고 있다. 반가워 금방이라도 비 내리는 속에서 비를 맞으며 한 것 춤을 추고 싶은 충동을 느꼈다. 한 두릅의 텃밭을 가지고 가꾸는 나로서는 단비가 적셔주는 텃밭을 내려다보며 마음속 깊이 시원하며 흐뭇했다. 농촌의 아낙네들이 머리를 문밖으로 내밀며 기다리던 비에 반가워하는 모습과 때론 애통 터지는 메마른 땅을 넘겨다보며 옛날 진자리 마른자리 고향의 향촌을 그리운 추억에 젖기도 했다.

오후에는 비바람이 불며 텃밭의 작물들이 시달리고 있다. 가만히 있을 수가 없었다. 밭에 나갔다. 그리고 비를 맞으며 자세히 들여다보았다. 오이 넝쿨이 훌쩍 커서 제멋대로 비바람에 흔들거려 세워놓은 막대기에 조심스럽게 묶어주었다. 방울 도마도 쭉쭉 자라 내 키를 훌쩍 넘어 꽃도 풍성하고 맺은 열매가 밑으로 싱싱하게 주렁주렁 달렸다. 가지가 바람에 상할 가보아 조심스럽게 엮어주며 밑에 익어 있는 빨간 유혹에 첫 열매를 입에 넣고 씹으니 달고 새콤한 맛이 꿀맛하고 비길 수가 있으랴? 하고 만족하고 지금까지 가꾸어 온 것이 보람차기도 했다.

　나는 매일 조석으로 가서 보고 만지는 실지의 느낌으로 기꺼이 가꾸고 있다. 어느 날 어느 분께서 "밭에 가세요?" 묻는다. "예 새끼들 보러 갑니다."하고 농담을 건네주며 서로 마주 보며 껄껄거리고 웃기도 했다. 맞는 말이다. 아침에 얼마 자랐나 가득한 호기심이 발동 가서 들여다보아야만 했다. 들여다보고 이만큼 자랐네 하고 나날이 커가는 풍요로운 모습에 당분간 세속적인 혼란을 잊기도 했다. 파란 맑고 밝은 하늘이 내려주는 텃밭의 풍성함이 당분간 영혼이 맑아지는 듯해서 참 좋았다. 저녁 무렵에는 요 몇 일간 가뭄에 각오한 대로 열심히 물을 주어야 했다. 육신으로는 약간의 힘이 들었다. 그러나 재미가 있어 싱싱히 자라나는 새싹을 지켜보며 허리가 힘듦을 뒷전으로 미루었다. 작물 곁에서 자라나는 억센 풀들을 뽑아야 했다. 나는 딱딱한 이랑 흙 속 풀을 괭이로 파는 여울져가는 소리를 스스로 들으며 질긴 풀을 뽑았다. 그 검 풀을 모아 갈퀴로 긁어모은 내생에 처음으로 손수 육체인 밭일했다. 주위의 만류에도 할 수 있다는 것과 해냈다는 용기에 스스로 박수 보냈다.

　이곳 실버타운이 시야에 펼쳐진 진 초록색에 묻힌 앞 풍경이 아롱이다롱이 자연이 엮어주는 정말 아름다운 곳에서 흡족한 삶을 영위하고 있다.

　나는 내가 원하던 다른 전망의 좋은 텃밭이 보이는 방으로 옮기게 되었다. 전에 살던 방에서는 옆 벽이 있어 앞 시야의 전망이 반쪽이 보이지 않아 늘 만족하지 못한 아쉬운 마음을 가지고 있었다. 이제부터는 시시때때로 언제라도 발 콘에 서서 내려다볼 수 있고 풍성히 자라고 있는 푸른 텃밭의 전모를 들여다보며 흡족해하며 기뻤다.

요즈음 비가 자주 왔다. 텃밭의 작물들이 무럭무럭 잘 자라고 있다. 나는 내 허름한 고구마순을 심을 때에 이 텃밭에서 제일 못난이라고 칭했다. 그러나 지금은 고구마 잎새들도 싱싱하고 남의 것 못지 안게 풍성하고 신기하게도 잘 자라 만족하고 있다. 자꾸만 넘치게 자라나오는 상추, 깻잎, 풋고추 등등을 따다가 보쌈하고 비비고 맛있게 먹고 있다. 익어 뚝뚝 따는 재미와 이웃과 나누어주는 것도 더 솔솔 재미가 있었다. 특이나 나이 드신 어른들에게 드리면 좋아하시고 고마움과 환한 웃음꽃의 모습을 지켜보는 것만으로도 주는 사람 받는 사람이 서로 눈을 마주치며 함께 좋아했다. 아까 조금 전에 다녀왔다. 가서 들여다보고 또 들여다보며 주렁주렁 달린 토마토는 빨갛게 익어가고 내 땀 섞인 오이, 가지도 영글어가는 귀한 열매를 내일의 이웃과 정을 나누게 되는 그림을 건너다보며 만족했다. 내 인생의 마지막 길에서 이보다 더 기쁨의 재미가 있으랴? 하고 말해도 과언이 아닐 것이다 하고 흥얼거리며 유난히도 맑을 하늘을 우러러보며 대단한 윗분께 감사를 느꼈다.

제4부

실버타운의 텃밭 3
- 햇고구마 -

　청명한 초가을 하늘 아래 온 누리에 밝은 햇살이 쏟아지는 텃밭을 발코니에 서서 내려다보게 되었다. 텃밭에 고구마 캐는 여인들의 모습이 나를 달콤하게 유혹하고 있었다. 나는 재미가 있겠는데 하고 그대로 텃밭으로 달려 내려갔다.
　"고구마 많이 캤어요?"하고 널브러져 있는 고구마를 보았다. 싱싱한 밝은 빨강 색의 흙투성이가 된 고구마가 줄줄이 놓여있고 호미로 땅을 파내며 하나하나 캐내며 가을의 풍요로움을 느꼈다. 나도 풍요로움에 젖어 어디엔가 속마음 감동의 마음을 전하고 싶었다.
　고구마 캐는 것을 처음 목격했고 몇 마디의 너스레를 펴다가 갑자기 건너편 내 고구마가 어떻게 되었는지 호기심이 발동했다. 나는 내 고랑으로 왔다. 그리고 줄기 대를 비켜내고 호미로 고구마가 든 땅을 팍팍 긁어 파기 시작했다. 도와준다는 자매가 그 이튿날 캐기로 약속을 했는데 접어두고 그냥 캤다.
　드디어 첫 햇고구마가 나왔다. 빨강색의 이웃에 보기 드문 튼튼한 큰 고구마였다. 와 하고 고구마를 손에 쥐고 농사짓기 경험이 있는 다른 자매님에게 자랑삼아 보여 주기도 했다. 기꺼이 도와주는 곁에 자매님과 함께 수확의 계절에 서서 함성을 지르며 손 등에 흙먼지를 뒤집어쓰며 계속 캐어갔다. 작업을 끝나 종이 박스에 담아 지켜보며 내가 드디어 해낸 수확에 기쁘고 흐뭇했다.

  나는 일한 대가로 땀을 주먹으로 훔치며 짐차에 끙끙거리며 실어 밀고 갔다. "고구마 캤어요?"하고 어느 자매가 물었다. 나는 예하고 자랑스럽게 대답했다. 방에 옮겨 놓고 내 방안이 푸짐했다.

  시편 (126장 5-6, 절) 눈물로 씨뿌리던 환호하며 거두리라. 뿌릴 씨 들고 울며 가던 이 곡식단 들고 환호하며 돌아오리라.

  이 시편이 자꾸만 생각이 나서 묵상하게 되었다. 경종을 울리는 소중한 답인가 하고 정말 그렇다 물주고 풀 뽑고 김매는 어려운 농사일 작업을 하다 허리를 다쳐 병원을 내원해야 했다. 그래도 곡식단 햇고구마를 들고 기쁨으로 돌아왔다. 후에 나눔의 달 달한 기쁨도 있었다. 먼저 반듯하고 예쁜 것 골랐다. 몇 개의 봉투를 준비로 차곡차곡 채웠다. 가까운 지인들과 도움을 받은 분들께 고마움의 나눔이었다. 한결같이 주는 정 받는 정이 어린 기쁨이었다.

  어느 자매님을 만나게 되며 그녀를 보는 즉시 나누고 싶었다. 나는 못난이 고구마 중에서 또 골라 곧장 그녀의 방으로 갔더니 외출해서 문고리에 달아 놓고 왔다. 그 후 만나 "나까지 챙겨주어 고마워요."하고 우리는 눈을 마주치며 환하게 웃었다. 마음 같아서는 더 챙겨줄 누구 얼굴들이 생각되는데 한계선 느끼며 그만두기로 했다. 못난이들은 집에서 삶아 머리를 맞대고 나누기로 했다. 박스에서 예쁜 것만 골라냈더니 크고 작은 것 못난이 고구마들만 남아 나는 잔챙이 못난이 고구마만 먹게 되겠다. 하고 생각되었다. 그래도 좋고 나는 이 현실이 재미있고 조금이나마 조금의 정을 나눌 수 있는 의미를 부여하고 싶었다.

　어린 고구마 순을 심어놓고 하루하루 자라는 모습을 즐겨보며 풍성하게 자라고 있었다. 어느 날 아침 들여다보러 갔는데 한쪽의 성싱한 잎사귀를 뜯겨 없어졌다. 나는 놀라고 그 행실을 미워하며 속상했다. 그 이튿날도 역시 마찬 가지었다.

　밤에만 오물오물하는 주둥이의 그 귀여운 고랑이 짓이라 들었다. 딸랑이를 설치할까? 하고 생각도 했는데 상상의 나래로만 끝내고 말았다. 그냥 속수무책으로 있을 수뿐이 없었다. "그래 너와 나와 함께 나누어 먹자"하고 마음을 내려놓고 빈 마음이 되니 속이 편하기도 했다. 경험자들이 잎사귀는 상해도 고구마에 별로 지장이 없다고 해서 안심했었다. 그 말대로 그 귀여운 고랑이 행동에 고구마는 지장이 없었고 풍성한 수확의 생산 하게 되었다.

　올여름 내 생에 처음으로 상추, 오이, 도마도, 가지, 고추를 내 땀으로 생산시켰다. 마지막 맵시가 자르르한 고추를 따서 딸 내에 간 다기에 기꺼이 주었다. 나는 스스로 나의 열심에 칭찬과 자랑스럽기도 했고 보람에 도취 되기도 했다. 누군가가 내년에도 "텃밭 또 하실래요?" 물었다. "예 기꺼이"하고 나는 대답했다.

제4부

머리 맞댄 외식

　나는 나와 다른 두 명의 지인들과 우리 셋은 띠동갑으로 각별한 사이가 되었다. 함께 약속대로 맛있는 외식을 하려고 외출했다. 벌써 두 번째로 우리 노인네들은 앞마당의 내려가는 가파른 길을 서로 조심하라는 말을 주고받으며 즐거운 마음으로 앞서거니 뒤서거니 조잘대며 버스정류소에 도착했다. 우리가 사는 이곳은 산중 산골이라 교통 사정이 여의치 않아 시간을 잘 챙겨야 했다. 뜸한 버스에 열한 시 사십 분 버스에 반갑게 맞이하며 차에 탔었다. 각자 자리에 앉았다. 그리고 나는 창밖을 건너보았다. 풍요롭고 아름다운 대지 위에 온통 진초록으로 물듦에 푹 빠지기도 했다.
　그런데 오분 정도 지나서 갑자기 버스가 덜커덩 멈추어 섰다. 순간 놀라며 왜 하필이면 이때인가 하고 불안하고 모처럼 스타일이 구기지나 않을까? 난감했다. 차가 역시 고장이 났다. 운전하는 분은 어디엔가 전화했다. 그리고 아무 말이 없었다. 나는 답답한 마음으로 물었다. 고치러 오는데 삼십 분 정도 걸린다고 했다. 한심하기 짝이 없지마는 인내심을 발휘해야만 했다. 나는 두 명이 앉은 좌석에 혼자 앉아 있었다. 건너편에 앉아 있는 친구에게 함께 앉자고 손

짓으로 오라고 했다. 그리고 창가에 있는 자리를 나는 양보했다. 혹시 위험을 대비해서 친구는 앞 의자에 버팀목이 되지만 내가 옮긴 자리는 앞이 비어 있는 공간이었다. 앞서가는 내 생각이 만약의 위험을 대비해서 그 친구를 분명히 보호하고 싶었다.

　기다리는 동안에 만약에 분간 못하는 성질 급한 노인네가 있었다면 어떻게 되었을까 하고 친구에게 말을 건넸다. 소란이 있었을까? 상상의 나래를 펴며 나는 내 아버지 생각이 났다. 연세가 드시니 성질이 몹시 급해지셨다. 무슨 말씀하시면 말씀이 끝나기도 전에 실행해야 했고 늦으면 무조건 큰 소리 내셨다. 나는 휴가차 나와 가끔 아버지와 함께 택시를 탔었다. 타고 운전하는 분이 조금 머뭇거리면 "머여?(사투리) 빨리 둥글려" "빨리 둥글려"하고 아하무인이 되셔 큰소리치면 나는 민망하고 운전하는 분께 미안하다는 말을 해야만 했다. 이젠 먼 세월이 담아온 옛이야기 아버지 추억의 한 토막이 되어 이 지루한 버스 공간에서 웃자고 내가 그럴싸하고 재미있게 이야기해놓고 친구와 함께 껄껄대며 웃었다. 이야기로 지루하지 않게 시간을 보내는 동안에 기술자가 와서 차 뒷문과 버스 안 바닥에 문을 열어놓고 왔다 갔다 하면서 고쳤다. 드디어 차는 출발했다. 차를 운전하는 분은 급한 마음에서인지 차를 어찌나 빨리 달리는지 우리는 약간의 불안과 앞 의자 뒤 카바를 꽉 붙잡았다. 나는 친구에게 내준 자리를 다행이라고 생각하고 서로 조심하자고 주위의 말을 했다. 우여곡절 끝에 시내에 도착해서 택시를 타고 목적지에 도착했고 이미 식객들이 문밖에 나와 옹기종기 몰려서 있고 식당 안은 텅 비었다. 우리 노인네들은 배가 물론 쫄쫄이 고팠다. 서둘러 주문하고 빨리 부탁을 했다. 드디어 음식이 나오고 고기를 굽는 향기로운 내음을 맡으며 배고픔을 채우고 우리 셋은 머리를 맞대고 흐뭇해하며 냠냠 맛있게 먹었다. 가위를 잡은 친구는 본인은 별로 먹지도 않으면서 고기를 다른 친구와 내 밥그릇에 자꾸만 올려주었다. "왜 그래요?"하고 물었다. 친구의 왈 "친척이 방문해서 고기를 나는 자주 먹지요. 고기를 많이 먹고 힘들 내세요."하고 정이 듬뿍한 그 말에 나는 마음과 마음이 더욱 가까워지는 소리 없이 지켜보며 감동의 흐뭇한 정을 느꼈다. 이러한 관계가 바로 이웃사촌이 되지 않은가 하고 생각되었다.

우리는 이미 이웃사촌이 되었다고 말할 수 있을 것 같았다. 우리는 만족한 밥상을 뒤에 두고 이층 가파른 계단을 지나서 커피가 있는 곳에 갔었다. 커피 홀에는 아무도 없었다. 커피를 한 잔씩 앞에 놓고 훌쩍훌쩍 마시며 이야기의 꽃을 피우기 시작했다. 이야기하다 보니 한 친구가 톤이 높았다. 자신의 톤이 높았다고 말하고 뒤를 돌아보고 눈치를 보았다. 나는 "아무도 없으니 마음껏 시원하게 목청 컷 높이 이야기를 하세요." 나는 거들어 부치기도 했다. 다른 사람들 없이 당분간 우리들의 전세 공간 인양 말의 구속 없는 안심의 분위기에서 계속 주고받고 나눔의 이야기 했었다. 우리는 남의 뒷담 없이 우리들의 살아온 긍정적인 삶의 뒷담을 거의 나누었다. 때로는 재미있는 농담 속에서 깔깔거리며 웃고 우리 셋은 오랜만에 머리를 맞댄 외식을 마음껏 즐기고 만끽했다. 밥상에서 머리 맞대고 맛있게 먹고 소통이 잘되는 우리들의 만남의 매듭을 주신 하얀 높은 분께 한없이 나는 감사드리고 있다.

제4부

신앙인으로서 더위를 이기자

　점심 후 식당을 나오니 에어컨 아래 어르신님들이 복도의 편한 의자에 줄줄이 앉자 계셨다. 하루일 중에 점심 후 반가운 만남에서 귀여운 참새들 지져 귀듯이 재잘거리는 제일 즐겨 보내는 시간이었다. 나는 이야기를 나누는 어르신들 곁을 스쳐 지나며 항상 하듯이 가벼운 목 례로 손을 흔들며 웃음을 넌지시 건너 주며 인사를 했다. "밖에는 몹시 더운 날씨에요."하는 말을 뒤에 남겨두고 마음 내킨 데로 문을 여는 순간 열기가 나를 덮쳤다. 그리고 땅을 내딛는 순간 훈김을 내뿜는 불볕이었다. 그럼에도 불구하고 얼마큼이나 자랐는지 텃밭에 작물들을 보고 싶었다. 주렁주렁 달린 소중한 열매들을 한 바구니 담아 흡족한 마음이었다. 땡볕 아래 땀으로 흠뻑 젖어 이마에서 눈 속으로 흐르는 땀은 주먹으로 훔치면서 집으로 돌아오는 길에 가까이 지내는 지인을 만났다. 인사 후 "이 더위에 어떻게 사세요?" 나는 물었다. "더위와 사투를 하며 삽니다." 그녀는 말을 했다. 그렇다, 우리 모두 문턱에 살랑대며 불어주는 가을을 기다리며 이 여름의 무더위와 사투하고 있다. 나는 집에 와서 곧장 화장실에 들어가 차가운 물로 샤워기를 들어댔다. 차가운 물을 뒤집어쓰고

"으아악 아이고 시원해라" 혼자서 마구 연거푸 중얼거리었다. 이 한 여름에 차가운 물이 고마움을 새삼스럽게 느꼈다. 더울 때는 차가움을 추울 때는 따듯함을 찾아다니는 인간본능의 속성이 아닐까? 하고 생각해 보았다. 때때로 설거지통에서 물의 소중함을 알지만 이번에 차가운 물에 대해서 소중하다는 것 깊이 깨닫는 기회가 되기도 했다.

옛날 우리 집에는 부엌문 바로 앞에 도르래 두레박이 퍼 나루는 좋은 생수의 샘이 있었다. 여름에는 시원하고 겨울에 제법 다스한 샘물이 우리 대가족에게 제공해 주었다. 그때에는 자연의 오염수가 없었기에 끓여 마시지 않아도 되었고 여름철에 목이 마를 때 시원한 물 한 대접에 한 수저 설탕을 넣어 젖어 쭉 마시면 여름의 시원한 맛 좋은 드링크가 되었다. 그리고 어렸을 때 한참 성수기로 더울 때 엄마의 손길의 등 멱을 우리 형제들에게 자주 차례로 해주셨다. 차가운 첫물이 등에 닿을 때 "으악"하고 나는 물을 뿌리며 저만큼 도망가기도 했다. 우리 형제들은 서로 마주 보며 재미있는 물장난치며 함께 깔깔거리기도 했다. "가만히 좀 있어"하고 엄포의 말을 하시다가 우리들의 장난기에 포기하시고 결국은 엄마도 함께 웃으셨다. 재미와 즐거운 그 시절이 이젠 더위 속에서 새록새록 떠오르는 그리운 추억만 안고 나를 울리기도 웃기기도 했다.

밖에는 여전히 따갑게 내리쬐는 뙤약볕 아래 앞뒤로 아름다운 초록의 온 누리가 몸살을 앓고 있다. 내 소중한 텃밭도 외에는 아니었다. 물론 내 공간에도 반갑지 않은 더위가 서서히 스며들어 왔었다. 우선은 선풍기로서 더위를 견디어내고 있었다. 참기 어려운 더위 속에서 벽에 붙어있는 에어컨을 올려다보면 자꾸만 나를 유혹하고 있었다. 켤까 말까? 하고 눈길과 손길을 견제와 절제의 힘을 발휘하기도 했었다. 나는 첫 여름이 시작되면서 더위를 대비해서 기도했었다. 자연의 섭리로 오는 이 더위를 신앙인으로서 받아넘기며 잘 견뎌낼 수 있도록 힘을 주십사 하고 적이 응얼거리기도 했었다. 그 약속을 건드리지 않으려고 이 온 통의 열기의 더위와 에어컨 없이 무던히도 싸우고 있었다. 머지않아 승리의 기쁨에 확신을 주는 그 절대자 앞에 순응을 앞세우면서…….

제4부

팔월 이십팔일

　드디어 시원한 바람 문턱에 다다르고 오랜만에 아침 문을 활짝 열고 시원함에 도취 되어 즐겼다. 동산에서 떠오르는 아침 햇살이 서서히 찬란히 휘어 오르고 있었다. 구름 한 점 없이 맑은 하늘이었다. 나는 앞이 환히 펼쳐진 아름다운 아침 풍경을 기꺼이 건너다 보았다. 그리고 뒤로 넘어가게 된 지긋지긋한 무더위의 흠집을 기억하며 솔솔 불어오는 발코니의 통행 되는 바람 속에서 시원하게 처음의 조반을 하며 앞 자연을 즐겼다. 오늘 시내에 볼일 있어 외출했다. 예나 다름없이 쇼틀 버스를 타려고 앞마당으로 내려갔다.
　차가 서서히 출발했다. 자연스럽게 창밖을 내려다보이는 푸르름의 아름다운 산으로 둘러싼 대지와 하늘을 우러러보니 티 없이 청명한 가을이 서서히 오고 있다는 소식이 파란 하늘이 소곤거리고 있었다. 나는 시청을 가야 했다. 시청의 문화관광과에서 예술인 복지 지원금이 지원된다는 소식이 왔다. 세 번의 방문을 했었다. 작년에는 위치를 몰라 무조건 택시를 타야 했다. 필요한 서류를 구비해서 두 번째는 올 칠월 말이었다. 비탈길로 조금은 험할지라도 자신이 있다는 다짐을 하며 걸어가기로 했다. 산 위에 자리한 시청의 올라가는 길이 힘해서 주위의 어려울 텐데 하고 염려에도 용기를 내었다. 숨을 헉헉거리며 땡볕 더위와 싸우면서 목적지에 도착해서 안으로 들어갔다. 안의 시원함에 한숨 내쉬며 성취감을 가지고 더위도 잊고 시청직원과 무사히 면접이 끝났다. 끝난 후 밖에 나오니 불발의 더위가 여전하고 앞 주차장의 차들 위에 열이 모락모락 올라가고 있었다. 잠시 택시가 있는가? 두리번거리었으나 보이지 않았다. 난감했다. 마침 어느 예쁜 아가씨가 건물 안에서 밖에 나왔다. 나는 그녀에게 다가가 택시를 어디에서 타느냐고 물었다. 이곳에서 어려울 텐데요. 하고 말했다. 나는 더더욱 난감했다. 어찌나 더운지 걸어갈 힘이 더는 없었다. 지쳐서 있는데 그녀가 몇 발자국 가더니 뒤를 돌아보며 "어디까지 가세요? 제 차 타세요"하고 말했다.

순간 천사가 나타났구나 하고 나는 반색하며 목적지를 말했다. 그리고 염치도 없이 얼른 나는 차를 탔다. 미안하고 뙤약볕의 고생을 면하게 해주어 참으로 감사하다는 말을 여러번 번복하기도 했다. 길 허리를 지나서 "무슨 일로 시청에 오셨어요?"하고 물었다. "나는 끄적 끄적하는 글을 쓰는 사람이요."하고 지금까지 어디에서 스스로 한 번도 말을 한 본 적이 없는 말을 했다. 그리고 시청에 온 동기를 말을 했다. "아 그러세요."하고 그녀의 명함을 나에게 건너 주었다. 모 은행 지점장이다. 목적지에 다다르기 전에 감사에 대해 보답하고 싶었다. 차라도 한잔하자고 했다. 시간이 안 된다고 하며 나를 목적지에 내려주었다. 사라져가는 차를 주시하며 세상에는 부정적인 것

많지만 좋은 사람도 있구나 하고 나는 새삼스러운 뜻밖에 천사의 만남의 행위가 또 있구나 하고 긍정적인 삶을 내려다보며 하루 겪은 일에 흐뭇하기도 했다.

세 번째 방문이었다. 역시 더운 팔월 말이었다. 용감하다는 말을 들으며 시청에 올라가는 길 쪽에 쇼틀 버스에서 내려야 했다. 나는 약간의 장애물을 극복하고 이길 수 있다는 모험을 좋아하는 편이었다. 그리고 성취감도 나쁘지 않게 생각을 했다. 그래서 주위에서 대단하고 용감하다는 말을 듣기도 했다. 시작 길에서 약간 올라가니 곧바로 짧게 올라가는 계단을 보았다. 자세히 들여다보며 올라 갈가 하다가 가파른 계단에 자신이 없어 그냥 제 길로 땀을 씻으며 헉헉거리며 천천히 올라갔다.

서류를 접수하고 나왔다. 여전히 더워 택시를 타야겠다고 생각하고 마침 경비원에게 물었다. 내려가 밑에 택시가 있다고 했다. 실망과 기운이 빠져 혹시 내가 보아온 내려가는 계단이 어때요? 하고 물었다. 그게 구십구 계단으로 연세가 드신 분은 큰일 일어난다고 말했다. 나는 금세 오금을 떨리며 계단에서 내 뒹구는 내 모습을 상상하며 포기해야만 했다. 천천히 내려오면서 옆을 스쳐 지나가는 차를 천사가 나타나기를 은근히 주시하기도 했다. 겨우 내려와 유일한 택시 한 대가 있는 것을 보고 아슬아슬 장면을 그리며 드디어 택시가 나를 기다리고 있었다. 그리고 목적지에 도착했다.

제4부
마음이 항시 푸르름 속에

　이쪽을 보아도 푸르름 저쪽을 보아도 푸르름의 아름다운 푸른 융단이 온 대지에 깔려 내가 숨 쉬고 살아있다는 것이 즐겁다. 엊그제 온 땅에 연한 녹색이 발돋움을 치며 번져 자라오더니 세월이 가지고 온 어느새 원숙한 우거진 진녹색이 되어 사방을 누비고 있다. 나는 풍요로운 푸른 세계에서 살고 있다. 앞마당에도 뒷마당의 산에도 눈만 뜨이면 보이는 숲에 향하여 눈의 요기에 만족하고 있다.
　더위가 오기 전 아침 일찍 뒤 안 길 오솔길에 나섰다. 숲 내음이 물씬 풍기는 상쾌한 기분과 이름 모를 다양한 야생화와 반가운 만남의 아침 인사를 나누기도 했다. 뱀 새끼가 앞을 지나가고 있었다. 약간의 몸 서림과 무섭지는 않았다. "생명이 있는 모두 새끼들은 예쁘고 귀여운데 너는 아이야"하고 혼자 중얼거리며 지나갔다. 나는 오솔길을 지나 넓은 축구장에 도착했다. 언제나 부드러운 감촉에 퍽이나 좋아하고 반가이 맞이해 주는 잔디밭을 걸었다. 주위의 온 푸름에 세일 수 없는 나무들이 솔솔 불어오는 바람에 살랑거리며 숲의 노래를 부르고 있었다. 이름 모를 새들도 함께 이야기를 나누며 재잘거리기도 했다. 숲속에 개구리와 송사리 때가 노는 물웅덩이를 들여보니 꼬리를 치며 노는 때를 확인하고 갔었다. 그리고 내려와 작년에 밤송이를 주었던 길을 지나 산허리쯤 올라가 사방을 두리번거리며 나는 풍요로운 푸르름에 살고 있다. 하고 소리 높게 주위의 산에 가로질러 외치기도 했다. 그리고 나는 내려와 노란 바지 입으신 예수님 앞에 예나 다름없이 섰다. 순응의 자세로 창조이신 윗분께 무한한 감사를 느끼며 진정 어린 마음의 문을 열고 무릎을 꿇었다.

나는 푸르름 속에서 두리번거리며 계속 걸었다. 그리고 성스러움에 둘러싸여 있는 미리내성지를 한 바퀴 돌았다. 돌아오는 길에 에둘러 성체 조배 실에 들러 혼란스러운 마음의 매듭을 풀어버리고 맑은 마음이 되어 임도 보고 뽕도 따서 즐거이 집에 돌아왔다. 나는 환하게 펼쳐진 자연의 대지 위를 즐기려 자주 쇼틀 버스를 타고 때로는 시내버스로 외출했다. 출발부터 여름의 진 푸르름은 시작되어 가도 가도 끝없이 높은 산과 야산 낮은 들녘의 시야에 펼쳐 이어가고 있었다. 웅장한 산에는 짙푸른 소나무 외 다양한 나무들이 동참하고 있다. 들녘의 논에는 푸른 벼들, 밭에는 옥수수나무, 고구마잎, 콩잎, 고추 등등이 함께 어울려 땅 위에 조금도 빈틈을 주지 않아 틈 없이 사람이 살고 운영하는 건물 외에는 푸르름으로 쫙 깔려 있다. 조용히 온 누리 자연에 감동의 주시 눈총으로 답례했다. 각처의 양쪽 옆 길섶과 언덕에도 야생화 풀과 늘어진 가지와 함께 엮이어 가득히 채워졌다. 나는 내 가까운 주위에 눈만 뜨면 앞뒤 안에 언제라도 들여다볼 수 있다. 오고 가는 중에 뒤에 창문가에 서서 우거진 숲을 둘러보기도 했다. 자세히 들여다보면 하늘로 솟아있는 다양한 큰 나무들에 등나무가 올라가다가 내려 늘어진 가지가 서로 엉키어 예술적인 아름다운 둥근 원형을 만들고 있었다. 나무가 없는 헐벗은 자리에는 다양한 야생화의 풀이 자라 메꾸어 온전히 한 치의 빈틈이 없는 조화로운 푸른 산이 되었다. 앞에 정서적으로 마음을 정화 시켜주는 조그마한 맑은 호수가 있다. 곁에 소박한 집들도 산의 풍요로운 푸른 숲이 둘러싸여 호수와 어울려 돋보이기도 했다.

  바로 앞의 동내도 집마다 다보록하게 자란 푸른 나무로 둘러싸여 그 안에 가족이 다복함의 오손도손이 묻어있는 듯 상상해 보기도 했다. 그리고 주시하고 있으면 나도 모르는 사이에 다복한 마음이 되어 있었다. 나는 땡볕 더위 속에서도 때론 마음이 여름의 푸르름을 즐겨 사는 맛에 도취 되고 푹 빠져 좋다고 혼자서 흥얼거리기도 했다.

제4부
길 내리막 나의 생

어느새 내 나이 팔십 중반이 되었다. 옛 시대였다면 아마도 지금쯤 천국에 있지 않았을까? 하고 스스로 자문하기도 했다. 내가 세상에 아직도 살아있기 때문에 이곳 실버타운에 입소 되었고 일 년 사 개월이 되었다. 삶의 현장에서 즐거울 때도 있고 고충 고생도 다반사인 속에 긍정적으로 살려고 마음에 간직한 높은 분의 뒤를 따르며 살아가고 있다. 그러나 때로는 인간적인 생각에서 항상 은총 속에서 살 수 없다는 것을 감수해야만 했다. 나는 건강한 편이나 나이가 많아지니 가끔 아무 의미 없는 고민에 빠져 허우적대기도 했다. 부정적인 것이 당면했을 때 순간 나이를 들먹이며 숨 쉬고 살고 있다는 그 자체가 기꺼워하지 않았다. 생을 진즉에 섭리에 따라 눈을 감고 갔었다면 아픔과 다른 외에 못 볼 것을 보았을 때 보지 않아도 된다고 너무 오래도록 살았다. 하는 가끔 드라마의 한 대사를 생각도 했다. 나는 이곳에 왔을 때 직원의 주선으로 한 밥상의 지인이 되어 그때부터 각별한 이웃사촌이 못지않게 되었다.

한 자매가 커피를 손수 만들어 앞 모종에서 셋이서 첫 자리를 만들어 잊을 수 없는 어쩌면 그 맛 좋은 첫 커피로 차차 친해지게 되었다. 이젠 속마음을 툭 터놓고 교제하고 있다. 자주 만난 자리에서 이런저런 이야기를 하는데 우리는 대부분 다양한 자기들의 지나온 과거의 삶에 이야기를 나누었고 나는 흥미와 재미있게 귀를 기울이기도 했다. 그리고 머지않은 생의 마지막 장래에 맞이하는 우리 나이가 많은 만큼 죽음에 대해서 때론 심각하게 말을 나누기도 했다. 어떻게 하면 품위 있게 조용히 가야 하는데 마음대로 되지 않는다는 고민을 서로 안고 있었다. 이야기하다 보면 먼 외국에서 오죽했으면 행해지는 안락사와 옛날에는 고름 장 시켰다는 이야기도 했다.

  내가 비엔나에서 살 때 오래되어 기억은 희미한데 모 나라에서 안락사로 편하게 모시는 영상을 만든 텔레비전에서 나는 보았다. 연세가 많은 인지도는 있으나 움직일 수 없는 몸의 남자분인데 본인과 가족이 동의 아래 행해지는 것 가득한 호기심에서 나는 보았다. 아내와 가족들이 침대에 둘러서서 서로 마지막 인사 이야기를 나누고 의사가 주사를 주면서 시끌벅적하지 않게 서서히 조용히 잠이 들었다. 나는 지금도 가끔은 그 생각에 늙은이로서 떠오르며 답 없이 접어가는 세월만 보내고 있다. 나는 외국에서 삼십 년간 내과 병동에서 일했다. 물론 내과 병동이라 환자들은 대체적인 연세가 많이 드신 노인들이었다. 심지어는 백 살 전후해서 아무것도 공사도 구분하지 못하고 다만 침대에 움직일 수 없이 누어만 계셨다. 떠넘겨주면 먹고 안주면 안 먹고 의사의 처방으로 링거액을 맞으며 숨만 쉬고 사는 모습이었다. 나는 곁에서 일하며 지켜보면서 그 체험의 토대로 오래도록 병상에서 많은 것 보고 느끼고 질긴 목숨에 대해서 깊은 생각도 했었다.

　나는 먼 후일의 인생의 마지막 나의 행로를 생각하지 않을 수가 없었다. 나는 의지할 곳 없는 혼자인 나를 칠십 살 건강할 때 하느님 천국으로 불러주기를 기도하고 싶은 심정이었다. 내 나이 육십삼세였다. 지인들과 우연히 모인 자리에서 이런저런 이야기를 나누다가 병동의 오래 사는 환자들의 처지를 이야기하다가 나는 칠십 살에 하늘나라에 가고 싶다고 말을 했다. "그러면 칠 년뿐이 남았어요?"하고 지인은 말했다. 나는 곧장 큰 숨을 내쉬며 "아직 칠 년이나 남았어요?" 대답하고 우리는 눈을 마주하고 서로 웃으며 농담 속에서 진심의 언저리에 감내하기도 했다.

　나는 지금 칠십이 훌쩍 넘었는데 아직도 이렇게 건강하고 우뚝 솟은 기분에서 나이 많은 노인들 속에서 함께 잘 살아가고 있다. 입으로 죽음을 말하지만 아프면 곧바로 의사에 간다고 너스레를 떨면서 우리 셋은 깔깔거리며 웃기도 했다.

제4부

새벽의 산울림

 새벽 여섯 시의 종소리를 들으며 삼종기도를 바치고 싶었다. 그동안에 더위로 미루다가 더 미룬다면 캄캄한 새벽이 되겠구나 하는 생각이 떠올라 아침 여섯 시 전에 일어나 약간의 어두움을 헤치고 길에 나섰다. 뒤 안에 숲속 내가 기꺼이 한결같이 즐겨 걷는 오솔길에 들어섰다. 아침의 싱싱한 풀내음과 새벽을 깨우는 이름 모를 풀벌레와 새들의 지저귐이 하모니가 되어 새벽의 찬양가로 들리었다. 윗분께 무한한 감사를 드리며 축구장의 잔디를 즈려밟고 즐기며 가로질러 산등선에 도착했다. 주위를 둘러보니 미세한 새벽바람에 하늘거리고 재잘거리는 숲의 나무들을 지켜보며 마음의 준비를 앞세우고 설레는 가슴을 가다듬으며 순응의 고개를 숙였다. 드디어 종소리가 울려 퍼져가고 있었다. 다른 곳 외에 또 다른 종소리였다. 은은히 울려 퍼짐이 온 산을 메우고 하늘 끝까지 여울져 가는 듯했다.
 그리고 나는 삼종기도를 바쳤다. "주님의 천사가 마리아께 아뢰오니, 성령으로 잉태하셨도다." 나의 가슴에 새벽의 뜨거운 열기가 샘솟는 듯 당분간 가눌 수 없는 기쁨을 누리고 있었다. 내가 주는 평화는 세상에서 주는 것과 다르다는 그 귀한 말씀을 이 산등성에서 체험하며 되새기며 절대자인 윗분께서 주시는 평화의 은혜에 감사하며 마음껏 기쁨의 자유를 누리게 되었다.

　삼종기도 후 매일 바치는 기도도 덩달아 시작했다. 먼저 아침 기도문 중에 "저는 비록 죄가 많사오나 주님께 받은 몸과 마음을 오롯이 도로 바쳐 찬미와 봉사로 제물로 드리오니"하는 기도문과 "오늘도 저희 생각과 말과 행위를 주님의 평화로 이끌어 주소서" 강조하며 늘 그렇듯이 마음에 되새기며 기도했다. 두 번째 친척들의 가정을 위해 주모 송을 바쳤다. 내 가슴속에 모시고 사는 그분을 그들도 영접하여 그분이 주시는 진리의 기쁨과 평화를 깨달아 세속에서 벗어나서 살아가기를 염원하며 예나 다름없이 기도했다. 세 번째 사제들을 위한 "사제들을 지켜주시어 어느 누구도 그들을 헤치지 못하게 하소서 몸과 피를 축성하는 사제들을 언제나 깨끗하고 거룩하게 지켜주소서," 그리고 주님의 뜨거운 사랑으로... 하고 기도했다. 네 번째는 가정 기도에는 제발 말씀의 중심이 되는 이 험한 세상에서 낮은 자세로 겸손한 삶을 꾸려갈 수 있도록 나를 위한 기도를 항상 하듯이 기도했다. 지난 세월 공동체에서 이십오 년간의 앞장의 중책을 받아 일했다. 자꾸만 그 근성이 나와 주위에 지금도 내가 아는 말(잔소리)을 나오는 것 혹여라도 상처를 줄까 하고 노심초사 절제를 앞세우고 기도해야만 했다. 다섯 번째 구 일 기도를 시작했다.

　이 기도는 팔 년째 하고 있고 대체적인 우리 지역(전주교구)의 공동체를 위해서 바치고 있다. 책갈피를 많이 넘기니 이젠 헌책이 되어 너덜너덜 찢어져 스티커로 요리조리 붙이고 나에게 의미가 깊은 귀하고 소중한 기도가 쌓여 담아온 책이 되었다. 긴 세월 동안 했기에 머릿속에 저장되어 책갈피 넘기지 않아도 되고 묵주 알만 세워가며 기도하면 되었다. 어느 날 지인이 이 책을 보고 놀라며 "아이고 새 책을 사줄까?"하고 물었다. "그러면 이 기도 책을 박물관으로 보낼까요?" 반문하며 너스레를 떨며 우리는 서로 웃었다. 물론 마음의 감사만 받고 단호히 정중하게 거절했던 생각이 떠오르기도 했다. 이 산등선에 받은 은총을 세상에 가서도 늘 그분을 사모하며 신앙인답게 살아가기를 소원했다. 새벽의 산울림을 뒤로하고 싱그러운 숲의 향기를 듬뿍 받아 집으로 발길을 돌렸다.

제4부

성지순례 (손골)

며칠 전 실버타운에서 신앙 순교자의 발자취를 찾아 용인의 손골 성지순례를 다녀왔다. 대건회에 올해에 가입 후 성지순례를 벌써 네 번째 다녀왔다. 하느님께서 거저 주시는 선물을 기꺼이 고맙게 받고 감사했다. 여름의 한더위가 기성을 부리는 길을 가로질러 달리는 차에서 창밖의 진 푸르름을 내내 주시며 여름의 끝말에서 시원한 가을의 바람을 기다리기로 했다. 성지의 인근 동래에 도착해 입구에서 들어가는데 구불구불 골목길이 복잡한데 집의 건물들은 제법 부자 동래로 보여 이런 산골에 약간의 감동이었다. 우리는 성지에 도착했다. 불볕 같은 더위 속에서 주위의 성스러운 동상과 다양한 작물들로 잘 가꾸어진 예쁜 둘레를 둘러보았다. 그리고 순교 역사의 다양한 흔적으로 남긴 전시장의 박물관으로 다른 신자들과 함께 들어섰다. 에어컨 바람이 더위로부터 해방되어 시원해서 좋았다. 먼저 업적의 흔적이 담겨있는 전시한 소중한 전시물들을 서서히 들여다 보기 시작했다. 빛바랜 오랜 역사를 지닌 하나하나 조각물들을 들여다보며 감동할 따름이었다. 특이나 섬세한 필체로 쓰여 그 편지의 글씨 자체를 보며 아름다움의 춤을 추는 듯했다. 외방 선교 외국인

사제들의 나열된 영정 사진 보았다. 나는 한참이나 앞에 서서 지켜 보았다. 업적에 생기 돋우는 영성 적인 감화에 나는 깊이 되새기도 했다. 언어와 음식, 풍습이 전혀 다른 곳 와서 고생과 그 무서운 고난과 잔인성의 죽음도 개의치 안고 극복한 그 숭고한 정신력은 어디에서 오는 힘이었을까? 하고 깊이 생각되었다. 나는 인간으로서는 도저히 감당할 수 없는 그 고난의 치열한 극복은 하느님 사랑의 능력으로부터 나온다는 것 나름대로 확신했다. 다음은 미사를 드렸다. 성당의 밝은 빛이 나를 초대했다. 안으로 들어가 마음의 준비를 위해 성체조배를 했다. 미사가 시작되고 이재웅 (다미아노) 신부님의 강론 시작되었다. 첫마디가 인도의 마하트마 간디의 명언의 "그리스도는 있지마는 그리스도를 믿지 않는다." 즉시 나 자신을 돌아보았다. 간디는 세계에서 영향력이 있는 사람이다. 영국이 구십 년간 인도를 지배했을 때 횡포의 잔인한 폭력을 하고도 반성이 없었다고 했다. 간디는 비 폭력주의자고 무저항으로 싸워 나라를 구하게 되었다고 했다. 그리고 알바니아 출신 마더 데레사가 인도에서 힌두교도 차별 가리지 않고 유일하게 가난한 사람들을 위해서 자신을 헌신하고 돌보았다는 강론에 정신을 바짝 체리고 귀를 기울이었다.

　잘 살아가는 방법? 열거해 주셨다. 1, 잘 먹었니? 2, 잘 자 3, 너 잘 묻니?(관계적인 것 묻는다.)하는 어디에도 체험이 없었던 이 제시에 나는 새롭게 깨달아 귀한 은총의 순간이었다. 강론은 계속했다. 성지에 왔으니 무거운 짐을 다 내려놓고 가고 우리 신앙인은 하느님의 은총이 필수적인 것 말씀하셨다. 늙음보다 낡은 것 묻고, 쉽게 하는 것 쉽게 나아가게 되고 우선 행복은 영에서 얻어야 한다. 우리의 행복은 하느님으로 온다. 나의 주권을 하느님께 드리자 하는 말씀에 "아~바로 저거야"하고 깨달음과 실 삶에 채우려는 부정적인 욕구를 다 내려놓고 실행하자 하고 적이 다짐을 했다. 끝말 미에 교황 바오로 삼세는 마지막 숨을 거두시며 "나는 행복하다"하고 유언을 남기셨다고 하셨다.

성당 안 앞에 예수님의 고상을 주시하다가 나는 곧바로 아픔의 몸서리가 치기도 했다. 못 박힌 양손이 금방이라도 찢어 내려올 것 같은 특이한 형상에 아픔의 눈길을 돌리기도 했다. 자꾸만 눈에 밟혀 어쩌면 이번 기회에 예수님의 그 아픔을 더 가까이 공감을 불러 일으키기도 했다. 어떻든 우리 일행은 손 골 성지에서 은혜의 하느님과 여전히 재미있는 이재웅 신부님의 후한 사랑의 선물을 듬뿍 받아 안고 왔다. 머리를 맞댄 걸고 푸짐한 맛있는 식사와 신부님이 쓰신 "스물다섯 살 사제일기"를 일일이 예쁜 글씨로 직접 사인하셔서 우리에게 선물하셨다. 우리는 마음 설레는 어린애가 되어 기꺼이 감사하게 받아왔다. 그리고 우리는 피정에 다녀온 듯 밝은 웃음꽃을 피우며 집에 왔다.

제4부

소나무의 아픔

    요즘 창 넘어 우뚝 솟은 상처 난 소나무 가지의 아픔을 보아야 만 했다. 처음 목격했을 때 찢겨버린 하얀 살결을 보는 순간 곧장 과거 나의 찢겨 나간 아팠던 삶의 아픔들이 떠올라 우울하기도 했다. 어쩌다 저렇게 찢어 지었는지 하고 나는 가느다란 한숨을 쉬며 오금 저림을 느꼈다. 볼 때마다 내 살이 찢어지는 것 같아 아픔에서 곧바로 내 눈길을 다른 쪽으로 돌리곤 했다.

    머지않아 겨울이 남긴 잿빛 위에 만물이 약동하는 봄이 온다는 생각만 해도 마음이 즐거운 따스함을 느끼고 있다. 앞마당의 다채로운 소나무가 사시사철 진초록색을 지키며 변함없이 추운 강풍에도 늠름히 대견스럽게 언제나 자랑스러움의 품을 잡고 견고하게 자리 잡고 있다. 나란히 나란히 이 건물 둘레에 우뚝 솟은 소나무들이 우리 노인네들의 산책(운동)길의 정서적으로 든든한 지킴이 되어주고 있다. 사시사철 변함없이 열녀의 행적을 기리는 하염없이 초록색을 지니고 살고 있다. 지난 어느 겨울날 앞 뜨락에 밑으로 늘어뜨린 넓은 소나무 가지에 함박눈이 싸이며 모은 전경이 하얀색과 초록색 함께 어울려 한 폭 그림의 아름다운 풍경과도 같았다. 지난 어느 늦가을날 사다리를 나무에 걸쳐놓고 소나무 가지를 속가 내고 있었다. 그리고 커트 머리를 하듯이 솔가지를 거의 잘라 내고 있었다. 나는 곧 "소나무를 단발하네요" 말을 하고 곁사람과 아쉬운 마음으로 눈을 마주치며 우리는 서로 웃었다.

나는 가만히 있을 수가 없었다. 나무 곁으로 가서 밑에 땅에 내려져 있고 바닥에 널브러져 있는 싱싱한 가지를 아까워하며 자세히 들여다보며 예쁜 한 솔잎 가지를 골랐다. "무엇 하시게요?" 갑자기 물어오는 말에 나는 당분간 놀랐다. 건너보니 본당 신부님이 말씀하셨고 그때야 신부님을 알아보고 칭찬하고 싶었다. 허름한 옷을 입고 본당 신부님께서 떨어지는 가지를 정리하며 조력하고 계셨다. 고른 가지를 집에 가지고 왔다. 발코니에 솔잎 꽃꽂이를 만들어 놓고 가을 산책길에 어디나 볼 수 있는 고운 색깔의 야생화 풀꽃들과 한창 만개한 억새꽃을 따서 담아왔다. 그리고 곁들여 정성 들여 꽃꽂이를 만들어 세워놓고 영상도 찍고 정성스럽게 가꾸어 오랫동안 즐겼다. 영상을 찍은 사진을 마음 같아서는 본당 신부님께 보여드리고 싶었는데 기회가 없어 아쉬운 마음뿐이었다.

밖에를 내려다보면 그 소나무의 하얀 상처 살결에 눈길을 다른 곳으로 돌려야만 했다. 그 하얀 상처를 보면 되돌려 가져올 수 없는 지나간 나의 인생에서 굽이굽이 찢겨 나간 풍파에서 건네준 슬픔과 아픔이 되살아나서 그쪽에는 눈길 돌리지 않겠다고 무척이나 다짐하기도 했다. 그리고 하얗게 드러난 살결이 하루속히 나아 변하도록 온 마음을 다하여 염원하고 있다. 세월이 와주어 나아도 상처의 흔적이 남겠지? 지난 나의 인생의 상처 흔적이 가슴속에 머무르고 남듯이.

제4부
가을 나들이

    우리 실버타운에도 모진 여름 더위가 지나가고 계절에 따라 선선한 가을이 왔고 물론 그 가을을 기쁘게 환영했다. 이곳에 사는 연세 드신 분들은 이젠 살 것 같다 하고 기지개 쭉 펴 한시름 놓는 듯하고 서서히 앞마당 뒷마당에 산책과 운동을 시작했다. 이곳 실버타운의 가을 프로그램의 매해 마다 안성시 안성맞춤 남사당 바우덕이 축제가 있고 갈 사람 모집하는 벽에 공고가 붙어 있었다. 물론 작년에 다녀온 재미있는 경험에 비추어 나는 서슴없이 갈려고 접수를 했다. 가까운 지인도 동행하기로 했고 다른 지인도 주저하는 듯해서 거의 끌고 가듯이 가서 접수했다. 쇼틀 버스에 가득 찬 다른 어르신들과 우리는 밝고 유쾌했었다.

    그날 날씨마저도 우리를 축복해 주는 듯 따사로운 가을 햇살이 내내 온 누리를 퍼부어 주어 아름다운 그림의 한 단면이 되었다. 우리 모두 상쾌한 기분과 우리를 이끌어 주시는 노력의 선생님 앞에서는 완전히 어린애가 되어 무엇인가에 나는 홀려 웃음을 자아내기도 했다. 우리는 축제장에 도착했다. 풍월치는 소리가 안에서 은은히 들려왔다. 나는 이미 내 끼가 즉시 흥이 일어나 몸을 가볍게 흔들어대고 있었다.

　나는 비엔나에서 살 때 육십 초반에 장구와 꽹과리를 배웠다. 늘 그막에 또 다른 특별한 배움으로 이 나이에 하고자 하는 열기를 다하여 열심히 했다. 내 인생에서 한 번도 상상하지 못한 일이 벌어지고 말았다. 이러한 기회가 사실 뜻밖이었다. 처음에 장구채를 양손에 들고 어리벙벙해 바보가 되었다. 반복하고 또 반복해도 되어가지 않아 조금은 강인한 선생님으로부터 지적을 당하며 야단도 맞아가면서 인내심이 필요했다. 시간이 지나고 열심히 한 덕분에 샘솟아 오르는 재미가 솟구쳐 채만 잡으면 두드리고 두드려 패고 치는 순간에는 모든 만사 잊고 무아지경에 이루기도 했다.

　어느 정도 배운 후 풍월놀이의 동아리를 만들어 들뜨고 긴장한 가슴 뜨거웠던 무대의 공연도 기꺼이 했었고 물론 박수갈채도 많이 받았다. 그때 나는 어느 지인으로부터 생각지도 못한 한 아름의 큰 꽃다발을 받아 주위에 민망하기도 했고 자랑스러운 행복하기도 했다. 때론 높은음의 꽹과리도 풍월의 하모니를 이르며 열성을 다하여 힘껏 치기도 했다. 바우덕이에 상상을 초월하는 많은 사람이 몰려 질서가 필요했다. 우리는 선생님들의 보호 질서로 두 줄로 어린애들 모양 걸어 풍월놀이 터로 갔다. 나는 가까워질수록 더 흥이 났다. 넓은 무대와 양쪽의 대형 스크린에서 놀이를 신나게 보여주었다. 덩 덩 덩더꿍, 덩더꿍 덩더꿍 맞추어 채를 들 듯이 이미 내 손들은 리듬을 타고 율동을 하고 있었다. 내 곁 사람들도 흥겨워 함께 하니 열기가 더 도드라지기도 했다. 노력이 듬뿍 담은 풍월놀이 줄타기와 접시돌리기 귀여운 어린애들의 탑 싸기는 아슬아슬한 장면을 어느 지인은 눈물이 앞을 가리었다고 했다.

우리는 놀이가 아직 끝나기도 전에 아쉬움을 뒤에 남겨두고 일어서야만 했다. 여전히 풍월놀이 소리는 온 누리에 울려 퍼져갔다. 어르신들의 점심 식사의 국밥 한 그릇과 푸짐한 한 접시 전과 맛있게 드시고 만족한 모습을 보고 흐뭇했다. 그리고 자유시간이 주어졌다. 우리 셋은 함께 이곳저곳 둘러보며 돌아다녔다. 외국인도 한몫하는 특이한 춤과 다양한 것들 모아 그야말로 바우덕이는 만방에 알려진 만물상회 같았다. 가을의 추수로 햇고구마, 배, 대추, 포도 등등의 햇것들이 푸짐하게 진열해 놓고 열심히들 판매하는 모습이었다. 우리는 앞에 내놓은 재미있는 시식도 하고 평가절하며 과일과 떡을 사서 서로 주며 자연스러움이 스며드는 나눔의 깊은 정을 누리었다.

시간이 지나 돌아갈 시간이 되었다. 버스를 타러 가는 도중에도 나는 멀어져 가는 풍월놀이 소리에 맞추어 계속 가느다란 흔들거리는 율동 하며 걸었다. 주위의 웃음을 자아내는 가을 나들이의 기쁨도 주었다. 마침 어느 재미있는 어르신이 나와 보조를 맞추어 함께 흔들게 되었다. 나는 장구를 배운 후부터 어디에서도 장구 소리가 들리면 자연스럽게 그냥 덩덩 덩더꿍, 덩더꿍 덩더꿍 하고 흔들어 대었다. 진정 나에게 끼가 있을까 이 가을 나들이 청명한 하늘 아래 의문을 자문해 보고 있다.

제4부

내 영역의 꽃단지

    나는 베란다와 방안에 꽃단지를 세워 온 정성을 쏟아 키우고 있다. 나의 정서적인 생활에 일조의 큰 보탬의 역할을 하고 있다. 나는 이곳에 오기 전 아파트에서 꽃단지를 여러 해 동안 정성을 다하여 소중히 잘 가꾸었는데 애석하게도 이별을 했다. 이곳에 와서 이 방 저 방 꽃 가꾸는 모습을 보고 뒤에 남의 손에 두고 온 꽃단지들과 함께 올 걸 하고 소용없이 후회했다. 이곳에서도 자유로이 꽃을 키울 수가 있다는 것 알고 서서히 늦게나마 시작했다. 올봄부터 시내에 가면은 꽃가게에 들렸다. 꽃들을 들여다보며 다양한 색깔이 내 마음을 유혹했다. 고르는 동안 온갖 꽃들이 "나요"하고 웃음꽃을 피우는 모습에 재미가 있는 예쁜 꽃 무리를 골라 흐뭇한 마음으로 가지고 오게 되었다. 작은 화분 한 개씩 사서 집에 오면 곧장 뒤뜰에서 주어 온 화분에 옮겨 심었다. 베란다에서 서열 일위인 장미꽃은 여름 내내 하얀빛으로 우아함을 뽐내었다.

    가을바람 탓인지 완전히 탈바꿈의 분홍색이 되어 신기하고 아직도 자잘한 새끼 꽃망울이 치솟고 다분히 올라오고 있다. 나는 이 꽃 속에서 장미꽃의 상징인 신앙인으로서 인자하신 성모님과 나를 낳

아주신 어머니를 들여다보며 그리움에 젖기도 했다.

　두 번째 서열인 파티타임은 초여름에 사 왔다. 이 꽃나무는 잎새에 빨강물이 부분 부분 물듦이 처음에 보았을 때 꽃으로 착각했었다. 나는 이 꽃을 대모꾼 꽃이라고 칭했다. 물을 많이 마시고 뜨거운 햇살 아래에 무성하게 자라고 있다. 어쩌다 물을 주는 것을 놓치면 그야말로 퍼져 누워 대모하는 듯했다. 물을 주면 잠시 후 모두 일어나 풍성한 자태를 여지없이 과시했다. 주워온 큰 예쁜 청도자기에 끙끙거리며 어제 옮겨 심었다. 이웃 정겨운 할머님한테 길고 예쁜 화분단지에서 말라가고 있고 가운데는 비운 쭉 늘어진 게발 선인장을 받았다.

　나는 아글레오망을 가운데 빈 곳에 채워 심었더니 지금은 서로 잘 어울려 예쁘게 잘 자라고 있다. 시크라맨을 가지고 올 때 어느 분이 보고 "쉽게 키우지 못할 텐데요?" 나는 대답은 하지 않고 속으로 나는 잘 키운다는 자신을 갖고 있었다. 하얀, 빨강, 초록의 싱싱한 색깔을 과시하며 속에서 솟아오르는 꽃망울들도 살짝이 발돋움하고 있다. 산세베리아 선인장은 한 묶음 심어 있는 화분단지를 쓰레기장에서 주었다. 나는 반가움에 집에 가지고 왔다. 그리고 곧장 뒷산에서 흙을 파고 주워온 하얀 화분단지에 새롭게 단장했더니 금방 새색시가 되었다. 그 외도 벤자민, 기린꽃 등등의 옹기종기 모여 베란다의 한 팀원들이 되어 잘 자라고 있다.

　방안에도 서열제 일위의 보석 금전수가 하얀색의 청색으로 그려진 도자기에서 늠름하게 서 있고 초여름에 심었는데 벌써 싱싱한 반들반들한 빛의 새순이 솟아 나와 이젠 훌쩍 크고 있다. 양쪽에는 호접란과 초설마삭이 보초 역할을 톡톡히 하고 있다. 앞에는 프로그램 실에서 내가 직접 심은 작품의 귀여운 분재 나무가 자리를 지키고 있다. 베란다와 방안의 건강한 꽃단지들이 싱싱하고 풍요로움의 한결같이 팀원을 이루고 있다. 나는 시도 때도 없이 조용한 밤중에도 눈을 뜨면 먼저 지켜보며 흐뭇해했다. "어쩌면 이렇게도 꽃단지 모두가 건강할까?" 볼 때마다 스스로 나를 자랑하고 싶었다. 그리고 부모의 진자리 마른자리의 노고의 마음을 읽는다.

제4부

우리 동래 명랑 운동회

　명랑 운동회 제목도 즐거움을 담지 않았는가. 우리로서는 대잔치의 기쁨과 명랑 날이었다. 나는 안성시에 간다. 나는 운동회 전후에 원고의 마무리 하느라 바빴다. 약속한 대로 수필집의 원고를 택배로 보내야 했다. 오전에 다녀오면 운동회에 참석할 수가 있었다.

　일을 마치고 돌아오는 길에 우연히 엘리베이터에서 직원 선생님을 만났다. 못 오실 줄 알고 다른 분께 단장을 위임했다고 말을 했다. 나서기를 좋아하지 않은 나는 한편 마음이 가벼웠다. 한사코 나를 주위의 강요와 어차피 억지로 세운 단장이었다. 나는 홍군이었다. 미리 홍군과 청군을 만들어 열성적인 "홍군 이겨라 멋지다 홍군 화이팅"하고 외치기 연습했다. 나는 오후 두 시에 참석했다. 성당의 입구에 서자 뜻밖의 무대를 보고 놀랐다. 책상은 양쪽으로 갈라 세워 놓고 홍군의 빨강 옷과 청군의 청색 옷을 질서 있게 양쪽 자리에 앉아 계시는 것이 모두 귀여웠다. 위에 화려한 만국기는 펄럭이고 앞에 단상에는 눈이 휘둥그러질 정도로 푸짐한 상품들이 수북이 쌓여 있었다. 가운데 자리에 경기장을 만들었다. 소리 없이 언제 이렇게 완벽하게 준비한 노고에 감동했다. 경기가 시작하기 전 본당 신부님의 명랑운동이 즐거움과 재미있는 경기 놀이를 위해 강복해 주셨다. 경기는 두 분의 선생님들이 쌍둥이로 노랑 웃옷을 입고 MC로 손색이 없이 재미있게 잘 이끌어가고 있었다. 홍군 청군 나누어 선생님들도 분장하고 열심히 응원했다. 홍군의 클라운 (광대) 비슷한 특별한 분장을 보고 누군지를 몰라 나는 "누구세요?" 재미있어 자세히 들여다보았다. 다른 두 분도 분장하고 우리도 흥에 겨워 성당이 떠나갈 정도로 소리 높이 응원을 했다. 수녀님들도 두 분 얼굴에 홍색 청색 하트를 그려 보기에 생소하고 귀여웠다. 경기는 본격적으로 시작했다. 첫 시작은 모래주머니 놀이었다. 책상 위에 통을 몇 개를 놓고 공기가 덜 찬 공위에 주머니를 놓고 양손으로 때리며 통속으로 넣는 경기였다. 쉽지 않았다. 공중으로 나라가 엉뚱한 곳에 떨어져도 재미있어 웃었다. 통 곁에 떨어져 아쉬운 웃음과 우리 홍군이 유일하게도 한 번 넣게 되었다. 우리는 일제히 손 벽치며 함성 울리며 승리의 기분에 흠뻑 젖기도 했다. 후에 추첨권이 신부님이 시작했다.

모두가 호기심에서 눈을 모으고 귀를 기울이고 행운의 이름이 호명되었다. 그럴 때마다 환성을 지르면서 큰 박수를 보내고 응원하는 직원들이 재미있는 사진도 찍고 행운을 빌어주었다. 다음 경기가 시작되었다. 책상 위에 그림을 그려놓고 안에는 숫자를 써놓고 가벼운 그릇을 빗자루로 밀어 점수를 따는 경기였다. 나도 참가해서 점수도 땄다. 우리 홍군이 이겼다. 소리 높이 환성을 지루기도 했다. 다음은 행운의 추천이 있었다. 그 후 나와서 춤을 춥시다. MC가 말했다. 처음에는 주저하다가 적당히 나온 사람들이 몸을 흔들거리었다. 나도 주저하다가 나가 앞에 사람과 눈을 마주 보며 어쩌다 보니 수녀님과도 손을 마주 잡고 내가 수녀님을 돌리기도 하며 재미 속에서 손에 행운권도 얻게 되었다. 다음은 수녀님들의 팔씨름 대회가 있었다. "홍군 이겨라 이겨라"하고 응원에 우리 홍팀이 이겼다. 물론 박수로 큰 환성으로 승리를 만끽했다. 다음은 OX로 열 개를 맞추는 마지막 경기였다. 나는 아홉 개까지 맞추었는데 MC들의 마지막 손으로 공치기에서 O로 결국 아쉽게 탈락했다. 끝으로 푸짐한 선물 앞에 추첨이 시작되었다. 앞에 놓은 선물들에 방 번호와 이름이 부를 때마다 응원의 선생님들이 선물을 날라주고 행운을 빌어주었다.

　나는 이런 기회에는 별로 행운이 없었기에 그 분위기에 박수만 보냈다. 거의 끝마무리에 갑자기 내 이름을 불렀다. 환성 하며 선물을 가지고 와서 축하하는데 나는 어안이 벙벙하기도 했고 이럴 수도 있구나 하고 행운에 대한 맛을 느끼기도 했다. 재미있고 즐거운 경기는 아쉬움으로 끝났지만 모두 환한 얼굴에 명랑 웃음꽃을 읽을 수가 있었다. 결국은 홍군의 승리로 끝났다. 신부님께서는 내년에는 좀 더 재미있고 즐거운 운동회를 준비하겠고 우리들의 건강하기를 당부 부탁하셨고 마지막 강 복을 주시고 끝났다. 홍군 청군 돌아가는 길에 모두에게 빈손 없이 담아갔다. 앞에 풍족한 선물들이 쌓여 있던 곳은 비운 공간이 되었다. 뒤처리할 손길들 부지런하고 착한 일꾼들의 몫에 진심으로 박수를 보내며 한때 함께 즐거운 명랑 분위기에 뜨거운 채 끝난다.

라정인 수필집

비엔나의 여로

초판1쇄발행 2024년 11월 30일

지 은 이   라정인
펴 낸 이   양상구
웹디자인   김초롱
펴 낸 곳   도서출판 채운재
주   소   우) 01314 서울시 도봉구 시루봉로 15라길 38-39 301호
전   화   02-704-3301
팩   스   02-2268-3910
H · P   010-5466-3911
E.mail   ysg8527@naver.com

ISBN : 979-11-92109-82-4(03810)
정 가 15,000원

작가와의 협의하에 인지는 생략합니다
파손 및 잘못된 책은 교환해 드립니다